I0505845

ANDRÉS GÓMEZ

NO HAY NEGOCIO MALO, EL MALO ERES TÚ

GAPA

Título: *No hay negocio malo, el malo eres tú*
Primera edición: febrero, 2020
Primera impresión: febrero, 2020

©2020, Andrés Gómez Prada, Autor
© 2020, de la presente edición en castellano para todos los países
andres_invierte@hotmail.com

Querido lector, te invito a que apoyes la protección del *copyright*
El *copyright* estimula la imaginación, defiende la diversidad en el ámbito de las ideas y el conocimiento,
promueve la libre expresión y favorece una cultura viva. Gracias por comprar una edición autorizada
de este libro y por respetar las leyes del *copyright* al no reproducir, escanear, ni distribuir ninguna parte
de esta obra por ningún medio sin permiso. Al hacerlo estas respaldando a los autores y permitiendo
que se continúen publicando libros para todos los lectores.

Compuesto en caracteres Garamond

Agradecimientos

Como no agradecer el hecho de estar vivos, de compartir nuestros pensamientos, de escuchar cada palabra que ha entrado a mis oídos.

Agradezco profundamente a todos con los que alguna vez he compartido un momento de felicidad, un momento de tristeza.

Agradezco hasta los insultos y golpes que me han dado en la vida, sin ellos, no sería quien soy ahora, no estaría donde estoy, no tendría la fortaleza de la que gozo ni la actitud con la que afronto cada escalón de este largo camino.

Sé a qué sabe el triunfo y que tan amarga puede ser la derrota, he vivido los dos lados de la moneda y agradezco por eso. Y solo me resta agradecer por mi familia, mis amigos, mis padres, mi hermosa esposa y la familia de mi esposa, todos somos un conjunto de deseos, de sueños, que compartimos cada día en todo momento, nuestros anhelos de ser felices.

Índice

Prólogo

No hay negocio malo, el malo eres tú

"En los negocios como en el amor, no eres tú, soy yo"

El dinero, las inversiones ¿Cómo invertir si no tenemos el capital para hacerlo? ¿Cómo se genera la riqueza si se necesita riqueza para ello? La generación de un flujo de capital es posible a través de casi cualquier propósito o método en la vida. Toda generación de recursos es posible a través de cualquier medio conocido por el hombre, no hay negocio malo ni idea demasiado descabellada como para no llegar a la plenitud económica. Los que verdaderamente generan grandes fortunas, que viven la vida de ensueño que todos nosotros anhelamos y proyectamos en nuestro ser, no se forjaron con la intención o el pensamiento de acumular gran fortuna, buscaban su libertad financiera por medio del desarrollo desenfrenado de una pasión, una pasión por lo que hacen cada día.

Un doctor no estudia medicina porque sea un negocio lucrativo, o porque lo considera el mejor medio para alcanzar su estabilidad financiera. En realidad, la medicina es una de las profesiones que más puede llegar a esclavizar a una persona, aunque la esclavitud de un trabajo, de una profesión, solo es posible si no hacemos lo que hacemos con pasión, con dedicación; si no disfrutas tu trabajo, eres un esclavo de este.

Pero si por el contrario, tomas tus decisiones basado en tus sueños, en tus deseos de ser feliz y de alcanzar la plenitud, podrías trabajar dieciséis horas al día en un oficio que realmente te hace sentir libre, te emociona, te apasiona más que estar persiguiendo cualquier otra profesión en la vida que la de ser libre financieramente, dedicar tu tiempo al amor por ti, por los tuyos y por tu negocio, que al igual que un hijo, nace de tus entrañas, te regocijas con sus victorias y te entristeces cada vez que se enferma.

Este libro está concebido como una guía directa para que seas feliz desarrollando una fuerte pasión por lo que haces, el dinero, la riqueza, la estabilidad económica son consecuencia de ser felices en nuestro trabajo, en nuestra vida. La riqueza no nace para hacernos felices, crece precisamente de vivir felices, y es esa felicidad es la que trae la prosperidad. No te enfoques en pensar en el negocio perfecto, todas las empresas y los emprendimientos creados por el hombre son perfectos, son un cúmulo de estrategias y esfuerzos que tienen el poder suficiente para enriquecer a cualquier grupo de hombres o mujeres, es la pasión y el deseo con el que se trabaje lo que nos llenara de felicidad; la felicidad es la que genera riquezas, la infelicidad por lo que hacemos nos provee solamente de estrés, de amargura, de dolor, de un vacío emocional que nos hace sentir que somos ajenos a este mundo.

En este libro te explicare de forma detallada un sistema muy básico pero muy poderoso para desarrollar un negocio, tu negocio, tu inversión, cualquiera que este sea, te ahorrare la necesidad de estudiar una carrera universitaria en administración o finanzas, y si no me crees, ve a estudiar una de estas profesiones, yo ya lo hice, y descubrirás que lo que ahí te enseñan es de un valor nulo si lo aprendido no es llevado a la práctica, la verdadera maestra, la enseñanza real, creadora de artistas, de deportistas, de empresarios de éxito. Un futbolista no nace, se crea en una combinación de amor por el deporte y horas continuas de trabajo arduo, perdón, no es trabajo, es pasión inagotable por su oficio, el que lo despierta temprano en la mañana, le acelera el pulso, ilumina todas las neuronas de su cerebro como una autopista en cámara rápida.

La práctica de lo aprendido hace al maestro y esta realidad no es ajena al mundo de los negocios. No somos menos capaces que los demás, no tenemos habilidades diferentes que las que puede desarrollar cualquier ser humano y no existen los negocios atrapados en algún mercado en declive, el declive está en nuestros pensamientos de *"no funciona"*, *"entre en el momento equivocado"*, *"hubiera esperado más"*, *"no fue mi día de suerte"*.

Quien diría que el mercado de las velas de parafina eran una tendencia muerta, olvidada, alejada del consumo humano gracias a la energía eléctrica que ilumina nuestros hogares. Ah, pero ahora estas velas son producidas de colores, con aromas, decorativas, se han convertido en una expresión, una forma de arte, y ahora no valen los pocos centavos que costaban hace unos años cuando solo eran un producto de consumo básico, son ahora parte importante del color de cualquier hogar.

Si a tu emprendimiento, a tu inversión le va mal, ponte de pie frente a él y repítele estas palabras: *"no eres tú, soy yo"*. No es él quien se está equivocando y no hace nada para remediarlo, él se deja llevar por tus acciones, por tus desaciertos, por tus impulsos equivocados.

Aprenderás a través de estas rápidas palabras, de estos sencillos capítulos, como una serie de estrategias, configuradas de forma lineal, con tiempo por delante y poca inversión pueden ser herramientas poderosas, no específicamente para hacerte rico, sino para hacerte feliz, esa felicidad es la verdadera riqueza, uno que otro millón en tu bolsillo, si ¿Por qué no?, pero no aprenderás aquí como adivinar los números de la lotería o como tener suerte todos los días, yo tengo suerte todo el tiempo, gracias a que no creo en ella, fabrico mi suerte.

Disfruta cada palabra, escribe tu propio libro, tu propio diario de las ideas más locas para volvernos millonarios, no existe idea descabellada, solo oídos que no escuchan o boca que no consigue las palabras para transmitir el mensaje. Aprenderás de requerimientos de inversión, manejo de ingresos, gastos, utilidades, publicidad, estrategias de control y trabajo en equipo, el equipazo de trabajo puede ser tuyo, solo piensa en una idea, o en mil, enfócate en cada una y tu destino iluminara tu horizonte y el de todos a los que cobije.

Capítulo 1

Un buen plan de vida

"Contempla tu mundo, proyecta tu destino"

Mi querido lector, mi querido emprendedor, mi amateur, mi futuro dominador del mundo, estas palabras, este libro y sus enseñanzas está concebido, primero como un propósito personal, una forma de acallar las voces en mi cabeza que me dicen:

- Lánzate, escribe, enseña, disfruta –.

Que me piden que plasme en esta página lo que por años he estudiado, aprendido. En segundo lugar, disfrutaras de una lectura ágil, sencilla pero muy poderosa, que te dará las herramientas, el paso a paso detallado necesario que requieren los inicios de todo negocio, de todo emprendimiento, ¿cómo construyo mi propio negocio?, ¿cómo inicio un pequeño imperio?

Tu vida ahora es un mundo de pensamientos, de ideas, de deseos de triunfar, de anhelos, pero no sabes cómo enfocarte, como proyectar lo que piensas sobre lo que haces, como tomar esas veinticuatro horas que tienes al día y vivirlas a plenitud, más allá de un paseo por un parque, o unas vacaciones en la playa, descubrirás el proceso, como deben ser tus acciones día a día, como tu espíritu se elevara y responderás a esa pregunta, esa duda que te acompaña cada día al dormir y te despierta por las mañanas, quieres generar ingresos, desarrollar tu propio flujo de bienes de capital, pero ¿cómo?.

No pretendo ser la biblia de los emprendedores inexpertos, o los que ya están en camino, que tienen varios años en su desarrollo, quiero guiarte, que te apasiones por lo que haces, donde no tengas que "trabajar", y empieces a vivir, te olvidaras de la palabra trabajo, apartaras tu mirada de él y conocerás la palabra pasión, pasión por mi trabajo, pasión por mi vida, pasión por cada día que pasa, por cada acierto, por cada error.

Todos nos hemos interesado en algún momento de nuestra vida a iniciar un emprendimiento, a ser dueños de un comercio, ser nuestros propios jefes y no "rendirle cuentas a nadie"; igual, aunque seas dueño de tu propio negocio, debes rendirle cuentas a todos, a tu familia, al gobierno, tus nuevos jefes serán tus clientes y el público, al cual le recibirás dinero por lo que cada día ofrezcas a cambio. Muchas veces he escuchado comentarios o me han consultado sobre qué negocio es bueno, que genera mayor rentabilidad.

– Si al vecino le va bien con su negocio, ese es el negocio y voy a hacerlo yo, voy a pasarle por encima, no se enterara –.

Y bajo esas premisas he visto rotundos fracasos, quiebras absolutas, malos manejos administrativos y desastres comerciales.

Todo negocio, emprendimiento o idea de generar ingresos tiene solo un comienzo fundamental, más allá de cualquier idea o estructura de negocio, el fundamento de este se debe concentrar, antes de encender motores, en una pregunta vital ¿Por qué? ¿Por qué quieres abrir tu propio negocio, o tener tu equipo de trabajo ideal? ¿Por qué asociarte? o ¿qué esperanzas tienes de conseguir ese puesto laboral anhelado, porque ser un influencer, coach de negocios?

Es acaso una necesidad económica, mi arrendador no da espera y me va a desalojar si no le pago la renta de este mes. Tal vez sea por gloria, quieres ser el exitoso, famosísimo, gurú de las empanadas rellenas de chile con carne de Latinoamérica. Quizás quicras pasar más tiempo con tu familia, vivir una vida y no estar en ese mundo opaco y solitario de gastar tu vida y el valiosísimo tiempo que todos nosotros tenemos, limitado, en ires y venires, de la casa al trabajo, del trabajo a la casa.

Divisemos ese momento, el momento después de algún tiempo donde tu ingenio comercial te llevo a tener un millón de dólares, en el saldo de tu cuenta bancaria, disponible, libre de impuestos, son tuyos y puedes disponer de ellos a tu antojo, digamos que es tu primer millón, ves esos hermosos ceros ante tus ojos, a través de la banca online en tu computador, y ahora qué los tienes ¿Qué vas a hacer con ellos? ¿Son para lujos y comodidades? ¿Necesidad de ayudar a los pobres de este mundo? ¿Ser reconocido en tu ciudad o escuela así como otros disfrutan de ese reconocimiento? ¿Ser dueño de tu propio BMW quizás?

– Mira, ¡allá va! Rodrigo Esmerel, el genio, el inventor, el gurú, nadie daba un peso por él y míralo ahora, en su elegante auto, con su fino reloj y esas gafas de un color tan fantástico que se convertirán en tendencia en un abrir y cerrar de ojos –.

Lo más importante en lo que te debes enfocar antes de iniciar esta travesía es pensar, ¿cuál es mi propósito?, ¿qué me motiva o me motivara a levantarme temprano cada mañana, me hará saltar de emoción, gritar de alegría al ver cada venta ejecutada o cada mano estrechada? Te tengo una mala noticia en todo este proceso, el propósito menos valioso a la hora de iniciar un negocio es la intención de generar dinero, tener mucho dinero, una cuenta bancaria con muchos ceros, lujos finísimos que costaran casi un ojo de la cara.

Cuando tus deseos te llevan a comprar un vestido, lo quieres, debe ser tuyo, te cueste lo que te cueste, llega ese tan esperado día, el día en el que te puedes dar ese "lujo", para eso trabajas, no te llevaras nada a la tumba, sales y lo compras, lo usas, elevas tu espíritu, parece que te vas a comer el mundo, ya lo tienes puesto ¿Y ahora? ¿Qué sigue? ¿A dónde voy con esta elegante prenda el día de hoy? ¿Qué voy a hacer con mi vida? ¿Qué será de mí? Ahora que alcance mis sueños ¿Será que no queda nada más para mí? ¿Hasta aquí llegué?

EL DINERO NO TE MOTIVA

El dinero nunca va a ser un motivador suficientemente poderoso como para hacerte descubrir la faceta más importante de tu vida, la de un empresario, la de una emprendedora. Debes tener muy presente que el dinero debes concebirlo, en todo momento del proceso, como el medio para un fin, la carretera que conecta mis inicios de mi destino, ¿Qué destino? Hay tantos propósitos y destinos de vida empresarial como cabezas en este mundo, tiempo libre para mis mascotas, mi familia, viajar por el mundo y conocer todos los platos de comida creados, hacer ejercicio o disfrutar de mis hobbies sin estar permanentemente conectado a un celular o un reloj, ser dueño de mí tiempo, de mi vida, de la vida de mis hijos y amigos.

El dinero puede ser un motivador inicial, como dicen algunos elocuentes: *"Todos tenemos la inmensa necesidad de no morirnos de hambre".*

Ten presente que tu idea de generar ingresos se puede convertir en tu estilo de vida para toda tu vida y la de los tuyos, por muchos años más desde este momento. En ese sentido, ¿Te gustaría ser un artista de música famoso o un youtuber conocido? Piénsalo de esta manera, tienes que prever que el tiempo de ellos no les pertenece, su tiempo le pertenece al público, entre presentaciones, eventos, entrevistas, desarrollo de nuevo producto, y el poco tiempo libre del que disponen lo deben pasar encerrados en sus lujosas mansiones, no pueden dar un paseo tranquilos por la playa o caminar libres por un parque, el azote de los paparazis y sus fans no dan espacio a su andar.

He visto con estos ojos, literalmente, artistas lanzarse a la merced del mar, nadando hacia alguna embarcación, huyendo de los curiosos, que le halaban del pelo, le robaban las gafas, lo querían tocar, besar, abrazar. Y los comentarios del artista, del famoso, del comerciante, del emprendedor exitoso, cualquier palabra que salga de su boca, inmediatamente se convierten en opinión pública, al escrutinio de todos, unas palabras mal pensadas en un momento mal dado y todo se puede ir al garete, o no has escuchado la famosa frase *"¡Somos más famosos que Jesús!"* que fue el inicio del fin para esa banda, que ya fuera de época, sigue siendo recordada por todos, Los Beatles.

El propósito de pensar en qué gastaremos, disfrutaremos o derrocharemos el dinero son la motivación que debes sentir antes de embargarte en cualquier idea loca. En tu cuaderno de *"Ideas para volverme rico",* que si no lo has empezado a escribir, suspende esta lectura unos minutos y empieza a llenarlo con ideas, pensamientos locos, bárbaros, descabellados, otros no tanto, ideas sencillas o complejas, un diario de tu propósito financiero; este pensamiento debe ser la primera línea de tus apuntes o estar en la portada de tu propio manual de desarrollo comercial. Esto te definirá, te quitara esa pereza que a veces nos impide despertar cada mañana o esa tristeza por ver pasar el tiempo y no haber conseguido lo que queremos, ese propósito será como una voz en tu oído que te dice:

– No estoy donde quiero estar, pero para allá voy, así que a darle con toda camarada –.

Te voy a desvelar mi propósito de vida, mi pensamiento personal, para que te hagas a la idea, yo quiero que mi tiempo sea mi tiempo, no el de mi jefe, no el de mi negocio, no soy amante de los viajes, es más, disfruto más el levantar de vuelo de un avión que el mismo destino al que me dirijo, esa sensación de vacío al momento de despegar es tan abrazante para mí, que podría llegar a mi destino, comprar un tiquete de vuelta y volver al paseo, a casa.

Ahora, ¿Para qué quiero el tiempo?, bueno, para disfrutarlo con mi bella esposa, ver a mis hijos patinar, nadar, verlos disfrutar de algún deporte, poder ir a cine el día de la semana que yo quiera a la hora que me plazca, esculpir mi cuerpo haciendo ejercicio cualquier día de la semana, desvelarme en algún cumpleaños sin pensar:

— Me tengo que ir, tengo que levantarme temprano mañana para continuar la aburrida vida que me toco —.

También tengo mi corazoncito negro que quiere un carro de alta gama, no tan alta como un Ferrari o un Rolls Royces, pero si me conformaría con un Mustang o un Camaro, bellos ejemplares.

La cereza del pastel es tener una casa grande, no de muchas habitaciones sino de mucho espacio, con amplios espacios verdes, para caminar descalzo sobre el césped, jugar con mis cinco perros, mientras saltamos a la piscina. ¿Cómo conseguiré todo eso?, bueno, el camino más común es, con dinero, y ¿dónde conseguiré ese dinero? ¿Qué idea maravillosa se me revelara y me hará cumplir todos mis deseos? En cada capítulo de este libro vamos a ir revelando los pasos, las estrategias a poner en práctica, tips y consejos en cada espacio que nos den las hojas, un escrito claro y conciso, directo al punto: "Desarrollar una o varias ideas de negocio que me genere recursos para cumplir mis sueños", esa idea es el propósito de vida y la intención de este libro.

Apartare con cada capítulo cada aspecto sicológico de quien eres, de que quieres de tu vida, como moldear tus pensamientos y gustos, tu pasión, esa que nace desde el corazón y se expresa con cada pensamiento. A mí me apasiona escribir, por muchos años lo había pensado, nunca me había atrevido, ahora doy cada día rienda suelta a todo lo que pasa por mi mente y lo plasmo en palabras en estas bellas hojas que, espero, deslumbren hasta el más obtuso.

Las pasiones son elementos y directivas muy importantes para la idea de negocio, pues serán los motivadores que te darán esa inyección de energía que necesitaras cada día para despertar, sonreír, correr, mirar adelante y decir, ¡a por ello! Descubrirás métodos de desarrollo comercial muy básicos pero a la vez muy poderosos que te servirán como herramienta para iniciar tu camino al éxito.

Capítulo 2

El emprendedor VS el inventor

"No necesitas ser un genio, necesitas ser un apasionado"

En nuestras cabezas pensantes y consientes seguramente has escuchado cantidad de veces la palabra emprendedor, emprende, emprendimiento. Tal vez tengas la idea que es una persona tipo ejecutivo, con informes, gráficas, datos macroeconómicos, estudios de mercado, diseño de marca, todo sobre su escritorio de emprendedor. Es decir, un hombre o mujer de gran habilidad, un descubridor de un método mágico que ¿Por qué no se me ocurrió antes a mí si era tan sencillo? Un genio a todas luces de la estadística, las matemáticas, los informes, conocedor de mundo, lector empedernido, académico de mil estudios.

El estudio es muy importante igual que la lectura, pero de nada sirve saber mucho o leer todas las guía de desarrollo comercial escritas por todo hombre que haya existido sin la puesta en marcha, la puesta en práctica de los conceptos aprendidos. Un infante de pocos meses de edad no podría aprender a caminar si antes de eso le enseñáramos a leer para que lo aprendiera a través de la lectura, sin darle la posibilidad a esa pequeña criatura que se levante en sus dos pies, caiga al piso estrepitosamente, lo vuelva a intentar con los mismos resultados y que después de repetir aquel difícil ejercicio cincuenta veces más, hasta el cansancio, finalmente llegue a la conclusión inevitable de:

– Esto de caminar como que no es para mí, no tengo las habilidades desarrolladas para esta tarea, solo me queda como opción de vida dejar aquel movimiento de pies a esos seres grandes, erguidos, que dominan tan tortuosa tarea a la perfección, y cada vez que necesite moverme, suplicare, llorare, me estremeceré hasta que me carguen y me lleven en brazos a cada rincón, a cada momento, sin afanes ni gloria –.

Durante toma mi infancia siempre tuve la idea en mi cabeza que los hombres de negocios, los pequeños y grandes, eran personas de un gran ingenio, las personas más inteligentes del mundo, que utilizaban esa inteligencia para enriquecerse, seres que nunca se equivocaban, que comían alimentos que solo cabían en mi imaginación, perfectos en su actuar. Con los años aprendí que son seres vivientes igual que yo, con grandes momentos de alegría y tristeza, se equivocan igual que un niño pequeño, discutían con palabras equivocadas, perdían y eran derrotados, reían y disfrutaban de un buen partido de futbol en una tarde de domingo, con un asado y una cerveza. Mi vida y mi concepto de ellos finalmente cambio el día que me entere, y si alguno no se ha enterado vaya sabiéndolo, que la reina Isabel segunda, al igual que yo, al igual que todos ustedes, recurrentemente y de vez en cuando, se sienta en un trono de mármol o porcelana, blanco o de colores, a expulsar lo que alguna vez fueron sus alimentos, deja de ser reina de un imperio y vuelve a ser humana.

Primero que todo, emprender no es tomar un bosque entero, denso, lleno de vegetación, donde tú solo, con machete en mano, vas a darte a la implacable tarea de limpiar hectáreas de maleza, recoger desechos, viajar kilómetros tu solito o solita a depositar los desechos, mesclar asfalto y construir el camino al éxito, para que cuando todo eso suceda, tú no lo puedas disfrutar y otros sí. Es diferente un emprendedor a un inventor, un inventor crea algo de la nada, descubre un artefacto o método no conocido, el caso del desarrollador de una vacuna, el inventor del teléfono, el descubridor de América.

Sabías que Ray Kroc no invento las hamburguesas, ni siquiera invento Mcdonals, le compro la idea a los hermanos Mcdonals y la desarrollo a su gusto hasta llevarla a la gran corporación que es hoy, o Warren Buffet, no solo no invento la negociación en bolsa ni el trading de bonos o acciones, ni siquiera construyo o fundo las múltiples empresas que lo han vuelto millonario a través de sus emisiones de acciones, de su "juego" en el trading. O el coronel, KFC, Kentucky Fried Chicken, que no invento ninguno de los elementos que utilizo para vender su famoso pollo, ni las salsas, ni la estructura de negocio de comidas rápidas ya tan extendida en territorio Americano, o Jeff Bezos, que no desarrollo el comercio electrónico, no invento el internet o las computadoras, o ideo la masificación de su uso a nivel mundial, pero son las herramientas que le han permitido en algún momento desbancar a Bill Gates como el hombre más rico del mundo.

Podría seguir con tantos ejemplos como millonarios ha escupido esta hermosa tierra. Todos ellos tenían algo en común y no fueron sus orígenes nobles, edad, origen, pensamiento, raza, religión, estudios, ni creencias, cada uno tuvo una idea de negocio muy diferente de la otra, si todos vendiéramos en línea, ¿quién fabricaría los productos?, si todos fuéramos cantantes, ¿Quién nos escucharía y compraría nuestros discos? El común denominador de estos millonarios y artífices de fortunas siempre será una cosa y solo una cosa, tenían un **propósito muy claro** de a donde querían llegar y llegaron desarrollando **su pasión**, monetizándola, haciendo lo que más les apasionaba y consiguieron que les pagaran por ello.

Ten presente esto, ¿qué te apasiona y como consigo que me paguen por hacer lo que más me gusta hacer en la vida?

¿QUIÉN ES UN EMPRENDEDOR?

El emprendedor es aquel que tomas las herramientas ya existentes en el mercado y las moldea a su personalidad, a su idea de negocio, a la generación de dinero. Esas herramientas son los recursos disponibles según la región geográfica en la que nos encontremos, porque hay que ser claros que no es lo mismo emprender o monetizar en Estados Unidos que en Latinoamérica, generar ingresos en la China que en Suiza, y no lo digo por los niveles de riqueza o pobreza, por los recursos disponibles en nuestra mano, está más en la cultura de consumo que nos rodea, en la intención de compra de nuestros vecinos. Si siempre has tenido una idea de negocio físico, uno con puertas de vidrio, empleados atendiendo público circulante, ten presente que debes ser muy consiente que lo que te guste a ti tal vez no les guste a tus potenciales compradores.

Si simplemente pasas por una calle, feliz y campante, un día de estos soleados y vez una extensa gama de droguerías de bajo costo en esa ubicación, esa calle llena de comercios, no puedes planear a loco – ¡Hey! ¡Aquí hay una oportunidad! Si hay tantas droguerías en este sector debe ser que el negocio tiene gran movimiento, voy a aprovechar la oportunidad y montar una droguería aquí, pero para diferenciarme de los demás voy a montar el negocio de mi vida, con puertas grandes de vidrio que casi toquen el cielo, pisos elegantes de piso de mármol, vitrinas de lujo, aire acondicionado que enfrié como enfría la nieve en invierno, publicidad a todo dar, uniformes bien elegantes para mis empleados, un surtido de las mejores medicinas que hay en el mercado –. Tal vez la idea este buena pero mal estructurada, el problema, la ubicación, seguramente en ese sector todas las droguerías son de baja gama por el estrato económico en que se encuentran, tu negocio quedara muy bello ante los ojos de los que por ahí pasen, pero igualmente imponente. Muy seguramente ningún incauto entrara a comprar porque ya en su cabeza, sin que nadie se lo diga, se imaginara los precios de escándalo con los que vendes, así tus precios sean igual de competitivos que el de tus vecinos, así todo el lujo que invertiste sea para darle una sensación de valor agregado a tu cliente sin recargar el precio.

Ten presente y sigue el proceso de desarrollo del negocio, aplica cada una de las enseñanzas que aquí se te darán, aplicable a cualquier negocio o estrategia. Vamos a proyectar este libro a desarrollar un negocio o una generación de ingresos desde cero, no son necesarias grandes habilidades de negociación, ingenio más allá de lo normal, un desarrollo cognitivo superior o golpes de suerte.

Aleja esos pensamientos de buena suerte o de mala suerte, no mezcles tus supersticiones en tu negocio, tal vez lo hagas en tu relación amorosa, pero aquí no hay cabida para eso. He sido un suertudo y afortunado tras 20 años de trabajo y estudio, se podría decir, o como una vez Messi aseguro, – *"me convertí en rico y famoso, sí, me tomo 17 años, 500 partidos y miles de horas de entrenamiento volverme millonario de la noche a la mañana y mucha suerte a mi lado, la habilidad para jugar y el desarrollar mi pasión por el futbol no tuvo nada que ver"* –. Nótese el sarcasmo.

Capítulo 3

Las etapas de todo empresario

Cuando hablo de negocio, no me refiero al tradicional diseño de un espacio físico lleno de empleados y clientes intercambiando dinero por productos, o de una corporación tipo Microsoft. Un negocio puede ser un conferencista, un médico, un youtuber, un diseñador, un escritor. Un negocio es una pasión desarrollada generando ingresos, flujo de caja. Ojos abiertos al momento de leer, no estoy hablando de generación de utilidades, sino de generación de ingresos, son conceptos muy diferentes que si no tienes muy presentes la diferencia te pueden hacer perder una vida y dejarte en la más estrafalaria bancarrota, pero eso será definido de la forma más practica en el capítulo 6.

El primer paso para la generación de ingresos ya la retratamos antes, es la pasión, el desborde de tu pasión inconmensurable generando ingresos. Realmente venderás tu pasión a quien esté dispuesto a comprarla si la empacas y la vendes de una forma coherente a un público interesado. Este capítulo lo resumiré al final con un ejemplo práctico para que todo concepto quede claro en la vida real. Para definir tu pasión primero describe:

1. Qué te apasiona, aquellos primeros pensamientos con los que te levantas cada mañana y es lo último en lo que piensan al terminar la noche.
2. Escríbelo en forma de lista, tan larga como quieras hacerla, tan extensa como sea necesario.
3. Categorízalo, ordénalos del más importante al que menos te trasciende.

DEFINE TU PASIÓN

Una vez definida tu pasión, que te gusta hacer, que te motiva cada día, en el segundo paso de este capítulo debes definir que le apasiona a los demás, buscar tendencias, que marca de ropa se vende más ¿Por qué esa marca? ¿Es la inversión en publicidad o son sus distinguidos diseños? ¿Por qué una panadería vende más que otra? Importantísimo ¿Quién estaría dispuesto a comprar lo que ofrezco, producto o servicio?, tanto como si tienes un puesto de empanadas como si eres un masajista no erótico, ese es un negocio aparte.

Debes definir muy claramente a quien le vas a vender, no puedes simplemente decir, -¡le venderé a todo el mundo!-, craso error, entre más específico seas al momento de definir tu público objetivo, más probabilidades de éxito tendrás, hasta los youtubers, que tienen esa plataforma mundial que llega a cualquier dispositivo con conexión a internet, tienen un público definido, y por ese tipo de público es que monetizan. Hay dos tipos de público, uno general y otro especifico, el general puede ser precisamente las personas de tu ciudad, todos los que transitan por las mismas calles que tú transitas cada día, o las personas de tu edad, de tu misma afinidad deportiva, tu público objetivo serán aquellas personas definidas por sexo y edad, por gustos y estrato económico que estarán más dispuestas a comprar tu producto.

No es lo mismo un Bar para un público homosexual que uno tradicional o una venta de libros eróticos a una Sex Shop, o vender cursos de inversión inmobiliaria en línea como ser instagramer de manga y videojuegos.

Otro apunte, escríbelo, escribe todo lo que vas ideando, cuanta idea se te ocurra escríbela, a menos que tengas una memoria prodigiosa, escríbela, las ideas y los apuntes así como las hojas que caen de los árboles se las lleva el viento. Registra cada pensamiento, corazonada, estrategia, por más ridícula o torpe que parezca, recuerda, no es un libro de venta al público lo que escribes, es un diario empresarial personal, un manual básico inicial que puede clarificar tu proyecto y enfocarte en lo que te definirá empresarialmente, financieramente.

Una vez definido que te apasiona, que le apasiona a los demás, quien va a comprar tus gustos enfocándose en los propios, que se está vendiendo al público y este que está comprando, define que necesita el mundo, fuera de lo económico, que herramientas o ideas de negocio se encuentran mal desarrolladas en tu entorno, que necesidades tiene el mercado en el que te proyectas. Vamos a desarrollar un proyecto de trabajo basado en los errores de los demás, mejorarlos y lanzarlos al mercado. El mercado, el público necesita precisamente lo que los otros están haciendo mal.

No te ha pasado que estas en un restaurante y al momento de pedir la cuenta, no hay meseros que te la entreguen, se demoran una eternidad en liquidar tu pago, no hay forma de pagar con tarjeta, con transferencia, con Bitcoins de ser necesario. Que cuando finalmente termina la larga espera y te entregan tu recibo, tu factura, los precios están equivocados, no se lee muy bien que realmente estás pagando y piensas:

– Apiádate de mí oh señor, Dios de los cielos, solo vine a comer y estoy en semejante calvario pagando algún pecado sin confesar – e inmediatamente ideas una estrategia de un negocio que no es el tuyo.

– Deberían tomar los pedidos con Tablets, que estén conectadas al servidor de facturación, que la cuenta llegue directamente a mi celular o una copia a mi email, que el mesero tenga una pulsera de llamado, conectada a cada mesa, que cuando el cliente necesite una atención no deba buscar como loco ayuda, consuelo, solo con presionar el botón rojo de la mesa, la pulsera del mesero más cercano vibrara indicándole que mesa está llamando y requiere atención –.

¿Algún día has craneado de esta forma tal estrategia de negocio? Seguramente sí, muy probablemente no te acuerdes, no tomaste nota de ella, ahora es pasado y el pasado es historia, pudieras tomar una idea como esta así como muchas otras que pasan por tu cabeza, comprar una muestra del equipo de llamado para meseros que te comente unas líneas arriba, que ya existe, estudiar su funcionalidad, la distancia de llamado, la duración de la batería, el costo de venta y salir a venderlo ¿A quién? A todos los restaurantes con meseros que tu ciudad ofrece y no dejes de ofrecerlo ni te rindas en tu tarea hasta que no hayas visitado por lo menos 100 establecimientos de estos, y ¿Cuándo me quede sin restaurantes? Ofrécelo a los supermercados, tiendas de barrios, cafeterías, hasta en clínicas y hospitales serían de gran ayuda.

Anota todo lo que esa mente brillante escondida bajo un velo de *"No puedo" "No soy capaz"*, pensamientos que tienes presente cada momento de cada segundo de tu vida. Habla contigo mismo, en forma de exorcismo:

– Alejo de mi vida estos pensamiento ruinosos, que me invalidan, que no me dejan crecer, que me impiden independizarme económicamente, que me atan y me libero a un mundo lleno de prosperidad, de libertad financiera, de pasión por lo que hago o estoy a punto de hacer – repítetelo cada día, cada vez que despiertes y antes de irte a dormir, todos los días, sin excepción.

Un emprendedor es muy importante que pase por las cuatro etapas del empresario.

PRIMERA ETAPA

La primera etapa indiscutible es la de ser empleado, trabajar para alguien más. Unos de los aportes más importantes de esta etapa es la adquisición de conocimiento y experiencia, no hay nada más valioso que el conocimiento acompañado de experiencia, sabes qué es y como lo hacen. No te enfoques en el dinero que recibes por el tiempo y esfuerzo que dedicas a tu empleo, recuerda que en este proceso debes enfocarte más en aprender a hacer, debes tomar nota de como manejan la nómina, la resolución de problemas pequeños y grandes, el manejo del dinero ¿Cómo se maneja el efectivo y el dinero en línea? ¿Qué estrategias de atracción al cliente aplican? ¿Cuáles han funcionado?, los gastos en cada parte de la operación, desde la renta hasta los servicios públicos. No hay mejor universidad que estar trabajando para alguien, sea un empleo pequeño o grande, sea interesante o no tanto, tu enfócate en aprender un poco de todo para que más adelante lo puedas aplicar a tu propio crecimiento como comerciante, empresario y líder. Todo gran chef siempre ha iniciado su carrera trabajando para algún gran chef, aprendió de él y evoluciono hasta convertirse en una paloma libre de las cadenas que lo oprimían para dar rienda suelta a sus instintos, a sus deseos de triunfo y gloria.

SEGUNDA ETAPA

Si ya no te encuentras en esta etapa de tu vida, en la forma del empleado, debes o estarás pasando por la segunda etapa, la tan conocida etapa del autoempleado, eres tu propio jefe, tú te pones responsabilidades, metas, te impones un horario, aunque generalmente los autoempleados no tienen horario. En esta etapa tu negocio es tu vida, por condiciones económicas tú lo haces todo, es una etapa más ardua que la del empleado, porque aunque puedes llegar a tener personas a tu cargo que hagan muchas tareas por ti, tu eres el engranaje central del negocio, defines estrategias de publicidad, marketing, mercadeo, operación, manejo de finanzas, metas comerciales y tú mismo las ejecutas. Si te enfermas, tu negocio se enferma contigo.

Piénsalo de esta manera, tu emprendimiento, en pleno crecimiento, seis meses en el mercado, una venta de suplementos deportivos, como agregado vendes libros con recetas para el crecimiento muscular y artículos deportivos básicos para hacer ejercicio, guantes, cuerdas de saltar, pesas para tobillos, muñequeras de neopreno, cinturones para peso, bandas elásticas y una infinidad de productos más; estas en ese proceso de capturar clientes, de afianzar tu marca, tener recordación de marca, que tu negocio, tu nombre, este en la mente de los consumidores cada vez que van a hacer ejercicio, al gimnasio, y necesitan alguno de los artículos que tú vendes, de afianzar procesos, manejo de personal, manejo de gastos, te enfocas en las ventas, aumentar los ingresos para con esos costos fijos aumentar tus utilidades, manejo de stock de inventario, progreso de los artículos, cuales se venden más, cuales me generan mayor rentabilidad, cuales aún no tengo disponible al público y son un agregado esencial.

En ese proceso no te puedes dar el lujo de contratar un gerente, un director de marketing, un auditor contable, un asesor motivacional para tu personal, hasta una persona que haga el aseo es casi un lujo para iniciar un negocio, recuerda que todos esos gastos de nómina desangraran tu negocio y tendrás que cerrar inevitablemente, porque te consumiste las pocas utilidades que recibías en recursos que AUN no necesitabas.

Es indispensable, hoy día, en todo negocio, tanto si está empezando como si ya tiene años en el mercado, tener entre su personal alguien especializado en marketing digital, en contabilidad, en relaciones sociales, en dirección y administración, en finanzas, pero puedes mezclar cargos, iniciar cada proceso y ponerlo a andar poco a poco. Cuando empiezas, así como cuando ya estás en la hermosa parte de estar ejecutando tu negocio, operándolo, tú puedes ser tu propio relacionista público, tu propio administrador, un socio puede ser tu contador y experto en finanzas, alguno de tus empleados puede atender público y desarrollarte las campañas de redes sociales, atender mails.

Poco a poco podrás ir delegando funciones, contratando personal más especializado, un contador de planta o un departamento de contabilidad, buscando asesoría empresarial, pero es un proceso que debes ir realizando a medida que el flujo de caja y la generación de ingresos de tu negocio te lo permitan. No te consumas las utilidades, no gastes tus primeros dólares en lujos banales que no te permitirán crecer, si quieres lujos, ellos vendrán, con el tiempo, con el esfuerzo, en algunos casos con los años, muchos o pocos, pero si te enfocas de la forma correcta, si estructuras lo más inteligente y eficientemente tu negocio, si controlas y retroalimentas tus campañas de publicidad y fidelización de clientes, más rápido llegaras a tu meta. Dale al cliente lo que él quiere y necesita, no solo lo que a ti te gusta y te apetece.

En la etapa del autoempleado, tú eres el negocio, tú lo cierras y lo abres, tú ejecutas la mayoría de las tareas, importantes o no tanto, pero cuidado, si no sacas bien tus cuentas, si no reinviertes tus utilidades, no DELEGAS los procesos gradualmente, no vas asignando responsabilidades en manos más capacitadas, por ti o por otros, te pasara como a muchos empresarios les ha pasado por años, que al igual que el empleado, se vuelven esclavos, no de un jefe, sino de un negocio – No puedo irme, sin mí los empleados no trabajan, los clientes no son bien atendidos, el inventario se lo robarían, nadie estaría al tanto de los gastos, se caerían las paredes si nos las sostengo con mis propias manos y el techo aplastaría nuestras cabezas y mis sueños – Si no aprendes a delegar e igualmente importante, a controlar a tus delegados y sus resultados, NUNCA podrás disfrutar de una vida, de tus resultados, de tu familia y amigos, de tu tiempo.

TERCERA ETAPA

Una vez que tienes un negocio exitoso, donde has aplicado lo aprendido en este libro, con toda la experiencia adquirida, que genere ingresos para cubrir sus gastos, que te dé márgenes óptimos de rentabilidad según el mercado en que te estás envolviendo, que trabaje sin ti, que puedas dejarlo sin tu supervisión por lo menos quince días seguidos, y siga operando tan eficientemente como si tú estuvieras detrás de los ojos de cada uno de tus agregados, de tus empleados, hay, en ese preciso momento, ya no eres un esclavo, eres libre, ¿Libre para qué? Para hacer crecer tu negocio, eres un empresario, un emprendedor de éxito, un líder, estas en la tercera etapa de todo empresario.

Puedes enfocarte en mejorar la publicidad, mejorar el manejo de gastos, hacer prueba y error con diferentes estrategias, ver el panorama de lo que estás haciendo buscándolo mejorar y optimizar, y algo fundamental para el crecimiento empresarial, es que puedas replicar tu pequeño motor generador de ingresos cuantas veces quieras en cualquier parte del mundo que exista campo y terreno para ampliar tus horizontes; si tienes un libro de éxito, bien estructurado, que tiene altos niveles de venta en español, tradúcelo al italiano, al alemán, al inglés, al mandarín; si tienes un restaurante de comida vegana a base de croquetas de hojas de árbol, una fórmula secreta de cocina exitosa, replícalo, abre más locales, expande tu éxito y cubre este precioso mundo con tu gloria — *"al ver que ya no quedaban más tierras para conquistar, porque eran todas de su dominio, Alejandro Magno callo de rodillas y lloro"* -.

CUARTA ETAPA

La culminación, cuarta y última etapa de un emprendedor de éxito es la fase del inversionista, el rey del mundo. Ya no generas ingresos a base de tus propios conocimientos y negocios, a base de tu operación, generas ingresos a base de invertir tu capital en la idea de otros, en participar en la generación de ingresos que otros están adquiriendo, no te digo comprar acciones en la bolsa de valores de Nueva York o invertir en metales preciosos para recuperar su valor con su correspondiente rentabilidad a través de los años, o comprar bonos del tesoro de Estados Unidos.

Seamos un poco más prácticos, ya llegado el momento tú decidirás; inversiones igualmente importantes, la inversión en bien raíz, en edificio de apartamentos o en locales comerciales, bajo la administración de una casa inmobiliaria que cobre a tus inquilinos y ocupe tus espacios, que determine valores correctos de alquiler; invertir en un restaurante en ampliación, con un éxito corroborable, con un proceso de ejecución limpio y eficiente, pero que aún no tiene el empuje o el capital necesario para expandirse como lo requiera este modelo de negocio, tú puedes ser ese inversor, esa mano financiera que a cambio de tu inyección de capital reciba un porcentaje fijo de dinero sobre las utilidades; ¿Por qué no? Comprar los derechos de autor de alguna canción, invertir en generación de conocimiento, en desarrollo profesional de artistas, y recibir regalías por la venta de discos, la descarga de música, la reproducción de pistas y las ventas de las boleterías de los conciertos.

En este punto los alcances son infinitos, las posibilidades llegaran hasta donde llegue tu imaginación, pero al igual que en tus inicios, cuando no valías la ropa que llevabas puesta, debes tener presente que si no tomas medidas, calculas el riesgo, sacas cuentas, limitas tu ímpetu, dejas de creer en falsas prometas, en expectativas vacías, no hay capital en el mundo que soporte el desastre de una mala decisión financiera, si no te cubres y entiendes los riesgos de tu nuevo mundo, no tomas precauciones, volverás a empezar donde hace muchos años empezaste, con una mente llena de sueños y bolsillos vacíos.

Abras subido imponente, como crecen las palmeras en una hermosa playa del caribe, pero tus frutos caerán estrepitosamente al piso como caen los cocos cada tanto, estruendoso, doloroso, golpeando todo a su paso en la caída. Otra oportunidad más para empezar de nuevo esta aventura maravillosa, llena de alegrías y de inevitables tristezas, pero las lágrimas deben ser de alegría, por la experiencia adquirida, porque cometer errores que nos hacen más sabios, más capaces, los más exitosos empresarios del mundo han sido los que más se han equivocado, porque la letra con sangre entra, no hay mejor maestro en la vida que el fracaso, mayor maestro que el error, mejor enseñanza que amar y perder a nunca ser amado.

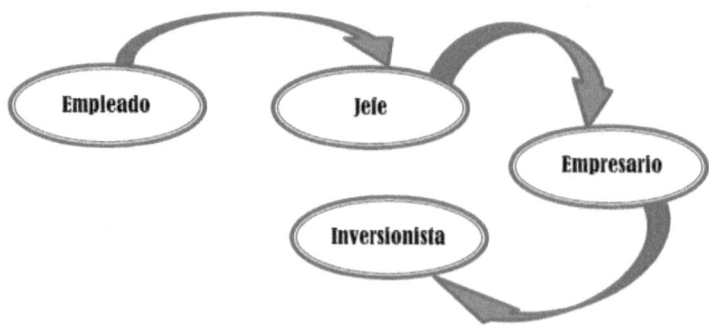

Capítulo 4

Los recursos para invertir en tu pasión

"Cuando el trabajo se hace con pasión, no es trabajo"

El siguiente paso, una vez tengas determinado a que te quieres enfocar, porque lo importante del oficio que escojas es el enfoque, la determinación de querer dedicar tu tiempo a ello. *"Cuando el trabajo se hace con pasión, no es trabajo"*. Cuando hayas analizado a quien vas a vender tu contenido, tus servicios, tu valor agregado, tengas tu manual de ideas aún sin estructura, debes planificar la situación económica del negocio. En el siguiente ejemplo, digamos que te has determinado a tener tu propia sala de masajes, una peluquería puede ser, eres un escritor o planeas comprar una franquicia, debes tener muy presente la inversión.

La principal razón por la cual los emprendimientos fracasan en su primer año es porque inician el proyecto sin la correcta planificación económica. En todo inicio, siempre ten presente, que los inicios son difíciles y la generación de ingresos será lenta y paulatina, por lo cual tu falta o deficiente generación de flujo de caja temprana puede terminar por asfixiarte y ahogar tu emprendimiento junto con tus sueños y todo tu esfuerzo, llevándote inevitablemente al rotundo y estremecedor fracaso, por eso antes de echar a andar tu pequeña bendición, debes determinar:

---

1. El costo de los implementos que requiere tu negocio, todos los costos, desde el mobiliario, los costos de tecnología, instalación de equipos de ventilación y aires acondicionados, los gastos en insumos de aseo, de papelería, de equipos de sonido, de procesamiento de datos, hasta los gastos más pequeños como el agua que tomaras en diferente horas del día.
2. Determina cuantos serán los costos mensuales de ese negocio, tanto si trabajaras en un establecimiento abierto al público como si trabajaras desde casa, porque aunque trabajes desde casa, los servicios públicos, el internet, tu comida, el combustible de tu vehículo, la ropa que vistes, un corte regular de pelo, la renta, el personal que requieras, tiene un costo mensual generalmente fijo y fácil de determinar.

Por eso, antes de echar a andar, debes tener, además de la inversión inicial en la construcción de tu gran proyecto de libertad financiera, por lo menos ahorrado un año de recursos económicos, que te permitan cubrir esos gastos a cabalidad y no termines fracasando en tu intento por salir adelante. Algunos recomiendan cumplir solo con un ahorro temprano de seis meses, pero yo soy algo más conservador, recuerda que entre más firmes sean las bases de tu hogar, menor probabilidad hay que un terremoto la tire al suelo. Lo mismo sucede con ese emprendimiento que tanto te apasiona, mientras mejor planifiques tus gastos, mas vas a poder concentrarte en la generación de flujo de caja, dedicar tiempo a ello, dedicar tiempo a mejorar y tomar cada critica, cada insulto de aquellos clientes tercos y "fastidiosos", como una importante lección de algo que estás haciendo mal y requiere tu más sincera atención.

---

3. No renuncies a tu actual estabilidad financiera de golpe y te lances al vacío sin medir consecuencias, una cosa es ser atrevido, intrépido, decidido, y otra cosa es decidir tu destino con solo lanzar un moneda a lo tonto –*Cara, me haré millonario, cruz, perderé hasta el último centavo* – Por eso antes de renunciar a ese empleo odiado, cerrar ese negocio que te estresa pero te genera ingresos, lleva a cabo los dos puntos anteriores y justo en ese momento, con toda las fuerza de tu ser, corre, libérate, sal a volar, no esperes un segundo más ni te quedes en un pie pensando y esperando a tomar la decisión o vivirás en un pie toda la vida. *"Las ideas solo serán ideas, hasta que nosotros decidamos ponerlas a andar"*.

4. No quieras hacerlo todo el primer día, dale tiempo a tu negocio para que madure, para que se dé a conocer, para que alcance las cúspides más difíciles, date el tiempo de equivocarte, recuerda que lo positivo de equivocarse es que aprenderás, lo malo está en la demora que te tome corregir, en no tomarte los defectos y debilidades de tu obra maestra con la seriedad que se merece, esto puede significar tu fracaso.

5. No te gastes todo tu presupuesto el primer mes, mientras pasen los primeros días, e incluso meses, tendrás que hacerlo todo tu, no te creas el cuento del empresario desde el primer día. En tus inicios, tú serás tú contador, tu chofer, tu aseador, tu manager, tu publicista, hasta tu consejero matrimonial. Primero ve analizando las necesidades de personal que te pedirá el desarrollo de tu actividad, él, tu emprendimiento, te exigirá con rigor esas personas que debes tener a tu lado. Tampoco quieras hacerlo todo tú solo, es importante que sepas

de todo un poco y gradualmente vayas delegando todas las funciones y tareas que se desarrollan, desde la más básica, para que tú puedas enfocarte en tres elementos primordiales: manejo de recursos, mejora de las ventas, mejoras del servicio.

6. Nunca olvides, la envidia tiene un sueño muy leve. No creas en historias maravillosas de inversiones mágicas y logros efímeros, ten presente que en el camino debes apoyarte y conseguir un equilibrio entre la desconfianza y la confianza, debes confiar pero piénsalo cada vez que lo hagas – si me equivoco con esta u otra persona ¿Qué costo tendrá para mí, para mi negocio, para los que allí trabajan y el futuro que nos espera? – No dejes que la avaricia ni los sueños de dinero fácil arruinen lo poco o mucho que has construido, arriésgate, pero con cautela.

Durante sus primero días, meses e incluso años, el que por muchos años fue el hombre más rico del mundo, Bill Gates, junto con su inseparable amigo, su Robín, quien lo acompañara a desarrollar esa importante empresa que todos conocemos como Microsoft, Paul Allen, fueron los supernumerarios, los toderos de su negocio, tenían una ventaja sobre la competencia, no tenían jefe, no tenían distracciones, solo una inmensa pasión en sus latientes corazones y un enfoque inquebrantable, programar más rápido que la competencia, dedicar su vida a ello, trabajaban hasta caer dormidos encima de sus escritorios, comían pizza y tomaban Coca Cola para no morir de inanición y no paraban hasta tener el pedido del cliente terminado, un software programado y funcional en quince días, mientras las empresas rivales gastaban tres meses en ejecutar la misma tarea.

No digo que te conviertas en un zombi de tu empresa, o que abandones tu vida por una obsesión, sino que descubras como la pasión es el motor que te impulsara, que te llevara hasta los límites de tu imaginación, donde el trabajo es amor por lo que haces y tu esfuerzo sembrara los frutos de tu hermoso futuro.

Recuerda que del afán no queda sino el cansancio, pero también, el exceso de pasividad te mantendrá en el círculo en el que te encuentras en este momento, atrapado en la idea de que los demás merecen más que nosotros el triunfo, los logros y la sabiduría que conlleva el éxito con el que soñamos cada día. No te ha pasado que ves ideas tan difundidas, de las que no paran de hablar en los periódicos y cortes noticiosos, como Uber, EBay, Instagram, esa peletería de sabores de la esquina y entonces piensas:

— ¡Con un demonio, me robaron mi idea! ¡Yo sabía! ¡Yo sabía! Tenía todo en mi cabeza, paso a paso, cada detalle, todo calculado, estuve a punto de echarla a andar, ¿Por qué? ¿Por qué demore tanto en decidirme? —.

Capítulo 5

Una buena planeación

"El azar es más peligroso que la mala suerte"

Si estructuras todo de forma correcta, ordenas tus ideas, organizas tus estrategias de publicidad, de venta, de diseño de servicio o de producto, las finanzas, el tiempo, estás quitándole el poderoso significado a la palabra "riesgo". Llaman a los emprendimientos erróneamente como riesgos; no porque haya certeza de su éxito o fracaso dejan de ser riesgosos, sino porque es un riesgo entrar a un negocio del cual no tienes idea, al cual ya le estás dedicando tiempo y dinero y no tienes ni el más mínimo pensamiento de ¿Y ahora qué?

Ya compraste los muebles, contrataste el personal, tiene el producto listo para sacarlo al mercado, ya tienes clientes curiosos e interesados esperando el tan anhelado momento, la inauguración, la apertura de esas hermosas puertas que esconden maravillosos productos con todos los colores del arcoíris, y al momento de abrir no sabes que estás vendiendo realmente, que están comprando los clientes, me van a dar dinero por asesorarlos, pero ¿Realmente en que los estoy asesorando? ¿Cómo me aseguraré de que vuelvan? ¿Y si no vendo lo suficiente para el próximo mes, como sostendré el pago de la renta? ¿Y ahora qué sigue?

La planeación es el 50% del negocio, y ten presente que no has empezado a trabajar en su ejecución, esta representa un 25% y las medidas de control y retroalimentación significan el último 25% de tu plan maestro. Por eso antes de construir una casa, un arquitecto hace planos, saca permisos, estudia el suelo de la construcción, diseña los cimientos, estructura las redes de agua, energía, de red y datos, iluminación, altura, inclusive en proyectos de gran albergadura planifican la circulación de aire de la propiedad antes de empezar a construir, de poner el primer ladrillo, determinan errores. En la construcción de grandes buques de carga calculan la muerte de un trabajador por cada 100.000 horas de trabajo conjunto del equipo, no es lo adecuado que suceda, pero no dejan puntos al azar, el azar es más peligroso que la mala suerte.

Planificaras:

- Tu generación actual de recursos
- Tu pasión
- Tus ideas de negocio
- Quienes serán tus clientes
- Producto o servicio a vender
- Estrategias de venta, ¿Cómo venderé u ofreceré mis productos o servicios?
- Ubicación, física, virtual o domiciliada
- Inversión inicial
- Gastos mensuales de ejecución
- El equipo de trabajo inicial requerido
- Quien va a ejecutar cada tarea
- Estrategias de marketing y publicidad, redes sociales

- Gastos de marketing
- Relaciones públicas y comerciales necesarias para crecer.
- Errores predecibles
- Errores impredecibles
- Accidentes o posibles riesgos
- Resolución de conflictos y problemas, internos y externos
- Ingresos y márgenes de utilidad
- Retroalimentación del personal y de los clientes.
- Mejoramiento continuo del producto o servicio.
- Diversificación de estrategias y productos
- Modelos de crecimiento comercial, más tiendas, más canales de distribución, nuevos espacios.
- Programa motivacional para tu personal
- Estrategias de fidelización de clientes
- Aplicación de correctivos, momento, lugar y costo.

Debes planificar de forma muy concisa cada detalle de la lista anterior, definir de la forma más práctica y eficiente cada punto. Entre mejor estructurado este tu plan de trabajo, tu plan de emprendimiento, los alcances de este y seas consiente de las limitaciones de tus posibilidad, de tiempo, dinero y habilidades propias, mejoraras tus esperanzas de éxito de forma asombrosa; este plan no será estático e inamovible, debes superar tu resistencia al cambio, no te estanques, evoluciona así como evolucionara tu mercado, sino haces un mejoramiento continuo de tu plan de trabajo por lo menos una vez al año, tu éxito será ensombrecido por tu derrota. Recuerda, aprende de tus errores, adquiere experiencia, date el lujo de equivocarte, evoluciona y vuelve a echar a andar tus planes, las veces que sea necesario.

Capítulo 6

Presupuesta ingresos y gastos, genera utilidades

"El dinero es el motor que empujara nuestro emprendimiento"

El dinero, el cochino dinero, corrompedor de corazones, destructor de almas, la avaricia, la codicia cae de sus brazos y alientan los más bajos instintos de los hombres y destruyen los sentimientos de los seres humanos. ¿Tú lo crees? ¿Será verdad que algo tan maligno proviene de algo tan banal como el dinero? Para mí el dinero en sí, es una herramienta, es equiparable al carro que me transporta o los zapatos que me pongo cada día, son el medio que utilizo para llegar a mi destino, entre más dinero tenga, más firme será mi camino, y no hablo de la acumulación absurda y burda de riquezas, sino de alcanzar nuestras metas.

Muchos magnantes, una vez llegados a ese punto, se tornan en filántropos, ya consiguieron aquello que tanto ansiaban, ya el dinero les es indiferente, y en todo caso, al final del camino se convierte en un estorbo, donan parte de sus riquezas, no todo, tienen que seguir comiendo y manteniendo uno que otro lujo, crean fundaciones, ayudan a mejorar al mundo, aquellos obviamente a los cuales la avaricia no daño sus mentes con pensamientos de odio, envidia y enfermedad, devuelven y esparcen algo de su éxito con los demás; ese espíritu de ayuda fue lo que en primer lugar los impulso a estar donde están ahora.

En todo caso, el dinero es el motor que empujara nuestro emprendimiento, las personas que nos rodean también por supuesto, pero del equipo de trabajo hablaremos más adelante, por ahora vamos a enfocarnos en la parte divertida, la parte financiera. Al arrendador de tu oficina, al vendedor de tu nuevo computador, al señor que muy amablemente te ofrece sus servicios de mantenimiento, no le puedes pagar con buenos deseos, con promesas de éxito o con cuentos maravillosos de glorias, necesitas el tan valioso recurso económico para empezar.

¿Cómo empezar? La primera fuente de ingresos para la generación de tus ingresos futuros debe venir de ti mismo, de tu ahorro programado, los primeros recursos que invertirás en tu plan de emprendimiento, según el nivel de inversión que requieras para empezar, y tu capital actual. Debes crear tu plan de trabajo, no utilices el crédito inmediato para apalancar tu crecimiento inicial, los intereses, el estrés y la deuda bancaria finalmente pueden aplastar tus utilidades, asfixiarte hasta ahogarte y aunque tengas una estructura bien definida y un plan de acción con una ejecución eficiente, la planificación financiera es la primera clave del progreso.

Los créditos son una herramienta a futuro, que te permitirá crecer más adelante, una vez tengas un flujo recurrente de ingresos y tu negocio pueda soportar esa nueva carga económica, que te traerá más beneficios proporcionalmente al riesgo adquirido. Invierte tus propios recursos en tu nueva etapa de vida, será más fructífero y mentalmente estará más consciente del riesgo y tus posibilidades que si lo hicieses con un crédito.

Segundo aparte, muy importante, ten muy presente que son ingresos, gastos y que son las utilidades. Tal vez creas que entiendes estos conceptos, pero hay industrias que por no planificar estos tres amigos de forma correcta, no están hoy en día entre nosotros para contarlo, no es vender barato o vender caro, gastar mucho o poco, todo depende de tu rentabilidad.

Un ejemplo práctico, en este momento eres un Youtuber, digamos, aprovechemos la ola, la faceta del naciente mercado, haces videos de contenido interesante sobre la buena alimentación y la forma correcta de ejercitarte, dedicas todo tu tiempo y esfuerzo a ello, grabas y editas de día y de noche, tus esfuerzos después de 8 meses en la plataforma te han producido cinco mil dólares de ingresos, muy bien, genial, soy el mejor, me gané cinco mil dólares haciendo videos de YouTube; ERROR, te ingresaron cinco mil dólares de tus videos, pero tuviste que invertir tu tiempo, este tiempo puedes calcularlo al valor que te pagarían por hacer un oficio básico en tu ciudad, cuanto hubieras ganado si hubieras trabajado como mesero en un restaurante o como entrenador personal en un gimnasio, ¿cuánto cuesta mi tiempo?.

El segundo cálculo es determinar que equipos tuviste que comprar para hacer esos videos, inversión en micrófono, software de computador, publicidad en redes sociales, escritorio, iluminación, ambientación. Por último, viendo tu evolución como Youtuber, analizando tu propia proyección de suscriptores y de ingresos, debes planificar: ¿debo hacer videos más largos y más rentables? ¿Más videos cortos que atrapen más público? ¿Qué nueva inversión debo hacer en equipos o publicidad para acaparar más la atención y mejorar mis números? Si después de esa cuenta ganaste unos quinientos dólares en ocho meses pero tienes una posibilidad de crecimiento positivo, adelante, dale rienda suelta, amplia tus horizontes.

En otro escenario, eres dueño de una cafetería, vendes los panes más frescos y el mejor jugo de naranja de la ciudad, como su la fruta acabara de ser cosechada, no has empezado la jornada y ya tienes una larga fila de clientes esperando que abras tus hermosas puertas de cristal para desayunar, para refrescarse con tu siempre aromatizado aire acondicionado, estos seis meses has vendido cuarenta mil dólares, vas muy bien ¿Seguro? otra vez estas en un ERROR. A esos cuarenta mil dólares réstale la renta de tu local, este lo debes calcular tanto si es propio como si es ajeno ¿Por qué? Porque si eres dueño de un local comercial en una zona Prime de renta, es decir, la renta de tu espacio en esa zona está por las nubes, y te iría mejor alquilando tu espacio a otro que tú mismo operándolo, el ingreso en utilidades mensuales sería más prometedor, puedes pensártelo en rentar tu espacio y mover tu cafetería a otra parte.

Yo tengo un local comercial arrendado a una tienda de ropa en un muy buen sector de la ciudad, no sé cómo le hacen o que números mágicos utilizan, no tengo el ingenio en el mundo de la moda, ni me interesa este mercado, pero no generaría las mismas utilidades vendiendo ropa con mi propio local como las que tengo con esta tienda, este local comercial, que rentándolo al que si conoce de este mercado, le apasiona y le saca un muy buen provecho, me da una rentabilidad que me alegra cada inicio de mes.

A esos cuarenta mil dólares réstale además tu inversión en equipos de cocina, hornos, cafeteras, mantenimiento de estos equipos y el probable reemplazo que requieran estos a través del tiempo, los gastos mensuales en personal y capacitación, la inversión en publicidad, en servicios públicos, determina cuanto han sido tus ventas a través de los meses y calcula tu crecimiento, tu potencial de nuevos clientes y nuevas ventas; resta tu inversión en materia prima, harina, mantequilla, fruta, fletes de carga, calcula incluso el gasto mensual en detergente, jabón, hasta los cobros bancarios por el majo de la cuenta debe entrar en tu balance de ingresos y gastos, todo lo que te genere un gasto o un posible gasto debe estar en esa cuenta, y si el saldo es negativo después de ocho meses, amigo, amiga, aplica correcciones, busca errores en tu lógica, aprende de tus clientes, amplia o modifica tu portafolio de productos, revisa donde estas las menores rentabilidades de producto, cuanto me produce en porcentaje cada artículo que vendo, cuanto me cuesta hacer un jugo de naranja y en cuanto lo vendo, estudia tu propio negocio de principio a fin, aprovecha que ya tienes ocho meses de datos, de información, de comentarios en redes, crea tus propias gráficas, has tus propios números, si necesitas asesoría, búscala lo más urgente posible, una asesoría real, fructífera, no una costosa y sin ningún valor agregado a tu sector.

Tal vez amasar, hornear y vender un pan te cueste cinco dólares pero tú lo vendes solo en tres, tal vez tienes mucho personal en cocina ocupado haciendo tareas efímeras que no requiere tu negocio, tal vez tus gastos mensuales de publicidad en internet y redes sociales no está llegando al público que quieres capturar, estás gastando quinientos dólares en publicidad para todo el país cuando tu radio de alcance es de un par de localidades vecinas. Estrategias de productos en combos puede impulsar la venta de productos de alta rentabilidad pero bajo nivel de ventas, tal vez el jugo de naranja se venda muy bien, pero la utilidad está en las galletas, que toca tirar a la basura diariamente porque se quedan en el anaquel, cuando combinando estos dos productos aumentaras las ventas de uno y repartirás las utilidades de este con el producto compañero.

Mcdonals es una corporación que se reinventa cada día. Cada tanto presenta nuevos productos, nuevas hamburguesas, *"por tiempo limitado"* lo llaman. Aquí desarrollan dos estrategias fundamentales, uno, rompen las barreras de la monotonía, intentan diversificar un menú sencillo, y segundo, estudian sobre nuevos productos, los ponen en práctica, presupuestan, calculan y determinan mejores futuros productos, más rentables, más llamativos, más precisos. No venden algo muy diferente que hamburguesas, y hace mucho tiempo, desde sus inicios, descubrieron que sus utilidades estaban principalmente en hamburguesas, papas fritas y bebidas gaseosas, ofrecen alternativas diferentes como ensaladas y helados, si no tuvieran esa pequeña variedad, podrían destrozar sus ventas a largo plazo, su actual y privilegiada posición en el mercado del Fast Food o comida rápida.

No dejes que el flujo de caja ensombrezca y ciegue tus ojos, puedes llegar a manejar cantidades enormes y nada despreciables de dinero, flujo de efectivo constante y en niveles que nunca imaginaste, pero debes poder determinar cuánto de ese dinero que recibes mensualmente es tuyo y cuanto es de tus proveedores y tus empleados, cuántos centavos me quedan por cada dólar ganado, es el cálculo principal y permanente de todo negocio, sucursal o inversión; si compras un equipo o máquina de un alto valor que no te generara mayores ventas, no produce una utilidad considerable, y en cambio, un alto gasto en personal calificado de operación y un costo de mantenimiento excesivo, aprende de ello, corrige y continua.

LA IMPORTANCIA DEL FLUJO DE CAJA

Ten siempre en cuenta, los ingresos son el dinero que entra regularmente a mi caja, a mi banco, mi flujo diario, semanal y mensual, contante todo el tiempo o por oleadas y temporadas de festividades, la caja de un restaurante es muy diferente un día de semana que el domingo, los hoteles tienen un manejo de ventas y gastos muy diferente en los meses de agosto y septiembre que en los meses de enero y febrero. Los precios fijarán nuestro ingreso, los gastos, todos, individuales de cada producto y fijos de todo nuestro negocio, servirán para fijar el margen de utilidad.

A los ingresos réstale tus gastos y verás que capital estás generando, para conocer la rentabilidad del mismo, y a este margen, una vez restado los ingresos menos los gastos, te dará como resultado tu utilidad neta, divide el resultado entre el valor de tu inversión y multiplícalo por cien, agrégale un signo de porcentaje y este será tu porcentaje de utilidad sobre tus ingresos. Me ingresan mil dólares al mes, menos ochocientos que me gasto en la operación, me quedan libres unos doscientos dólares mensuales, he invertido cinco mil dólares para generar esos mil dólares, por lo cual divido doscientos entre cinco mil y multiplico por cien, el resultado, 4% mensual, eso es uno maravilloso 48% al año. Este fue un cálculo muy básico pero muy poderoso, que deberás hacer mes a mes, agregando ventas, agregando gastos, teniendo en cuenta la inversión inicial más la inversión mensual nueva en equipo o insumos y dividiendo en la cantidad de meses que llevas en operación para determinar la utilidad anual, puedes aplicar esta misma fórmula a productos individuales, te servirá para calcular los resultados de marketing, de personal capacitado, la eficiencia de las nuevas asesorías, y la importancia de esa inversión en ese nuevo pero costoso software de diseño digital o desarrollo de páginas web.

Un 48% de utilidad neta anual no es en sí un número bueno ni malo, todo depende de un sencillo punto, el sector en el que te estás moviendo, tal vez en el sector bancario o de bienes raíces sean números bárbaros que te colocaran con el rey y gurú de las finanzas, pero en sectores como la hotelería pueden ser números desastrosos teniendo en cuenta que la temporada baja, fuera de las épocas de vacaciones se dañaran tus cálculos y estos meses se comerán ese precioso 48%.

Revisa tus números con los de tu competencia, lee sobre el tema, instrúyete sobre cuáles son los mejores márgenes de rentabilidad de tu sector, si tus números son más altos que los de la competencia o estas por encima de la media, muy bien, excelente, felicitaciones, enfócate en lo que te estás haciendo bien, refuerza fortalezas y aprovecha nuevas oportunidades. Si por el contrario tus números están en rojo, no tienen esperanzas de mejorar o con el tiempo han ido disminuyendo progresivamente, controla gastos, realízale exámenes médicos a tu negocio, busca hematomas, virus y canceres que están desangrando tu emprendimiento y está matándolo lentamente hasta llevarlo inevitablemente al cementerio.

Capítulo 7

Trabaja eficiente, trabaja inteligente

"La capacidad que tienes de producir más en el menor tiempo posible"

Un sabio inversionista dijo una vez, no es el tiempo que trabajes, es lo productivo que seas en ese tiempo. Podrías trabajar setenta horas a la semana y apenas te alcanzaría lo que ganas para vivir, o trabajar setenta horas al mes y ser un exitoso empresario en tu país. No es el tiempo que dediques a tu actividad o negocio lo que determinara el éxito o fracaso del mismo, es la capacidad que tienes de producir más en el menor tiempo posible. ¿Qué será más rentable para ti? ¿Barrer el piso de tu local todos los días, o estudiar marketing digital? ¿Enviar tú mismo los sobres al centro de mensajería más cercano o hacerle un examen financiero a tu bolsillo semanalmente?

Determina prioridades, establece rangos de importancia a las actividades diarias que realices, a las más importantes dedícale el mayor esfuerzo y dedicación, a las tareas menores y sin gran importancia elimínalas de tu agenda y delegadas a tu personal o a un outsourcing, a un tercero, como la contabilidad, es mejor un software contable que tú mismo hacer las facturas de tus ventas en Excel, una plataforma de administración de tarjetas de crédito, que abrir una cuenta bancaria en todos los bancos disponibles para aceptar todas las tarjetas débito crédito disponibles en el mercado. Muchas veces nuestro rendimiento es bajo, ya que dedicamos muchas horas del día a tareas poco productivas y dejamos de lado las actividades que tienen un potencial de crecimiento para nosotros y nuestra economía.

ACTIVIDADES PRIORITARIAS

Los números de mi negocio, los niveles de utilidad, los flujos de gatos, manejos de estratégicas de publicidad, de capacitación continua, de generación de nuevas fuentes de ingreso, de diversificación, deberían ocupar el cien por ciento de nuestro tiempo laborable, y las tareas repetitivas como la operatividad, la monotonía de las actividades cotidianas, aunque debamos conocerlas y entender su ejecución, deben estar delegadas a un personal capacitado y motivado, que no se está jugando el pellejo en ese negocio.

Si tu negocio fracasa, tus empleados saldrán a buscar otro empleo, tú, tendrás que poner la cara al gobierno, a la familia de tus trabajadores, a tu propia familia, a tu pareja e hijos. Ten presente que tu personal debe enfocarse en hacer bien su tarea, tú debes enfocarte en hacer crecer tu negocio, son dos responsabilidades muy diferentes, tú puedes saber cómo se hacen las malteadas de tu negocio, como se cocinan las tortillas, como editan los folletos, pero no puedes dedicar tu valioso tiempo a esas actividades rutinarias, no porque el cargo de dueño del aviso o jefe te dé unos cojones más grandes que los demás o ese título te dé una importancia burda sobre otra persona, es porque tus responsabilidades son diferentes, responsabilidades fiscales y financieras.

Tus ganancias estarán relacionadas con tu conocimiento, no necesariamente conocimiento financiero, contable, electrónico, ese conocimiento lo puedes comprar y delegar en otros, es tu conocimiento en base a experiencias, a punta de fracasos, tus habilidades para relacionarte con tus asesores y empleados, esas serán las bases de tu productividad. Un día de estos y por situaciones del azar conocí a un ejecutivo de un alto cargo, gerente general de la planta de energía de mi cuidad, un hombre muy amable e inteligente, con gran conocimiento en finanzas, muy pulcro, relaciones públicas, con una agenda llena de importantes contactos, no nos hicimos amigos con todo el sentido de la palabra pero la situación, mi interés y el tiempo nos permitió tener una agradable charla sobre su nuevo puesto directivo. Él era gerente regional de la compañía de energía de mi ciudad y por situaciones de mérito recibió el reconocimiento de la junta directiva y ascendió a gerente general, por sus habilidades administrativas y un alto nivel de compromiso, plausible con esta, la empresa que lo había llevado tan alto en su vida profesional.

Con el cargo venían algunos beneficios y lujos, la compañía le proveería una mejor casa para él y su familia, un mejor automóvil, mayor reconocimiento de gastos de transporte y personales, un bonito bolígrafo enchapado en oro con su nombre grabado en él.

Me contó su primer día, hace ya varios meses desde ese momento, se levantó muy temprano como siempre lo hacía, un beso a su esposa y un buen baño con agua fría para despertar en su nuevo hogar, el agua caliente la dejaba para los días de paseo y vacaciones. Al salir del baño se encontró con la sorpresa que su ropa ya estaba lista sobre la cama, saco, corbata, zapatos, hasta las medias y el pañuelo que usaría, perfectamente combinados en talla y color, en la puerta había una mujer bien vestida y peinada:

– Don Rogelio, ya le organice la ropa para el trabajo, no se preocupe, cualquier duda o sugerencia por favor me la puede hacer saber y con mucho gusto le colaboro – él, algo extrañado, sin prisa se vistió, se organizó y se peinó.

Al bajar por las elegantes escaleras, brillantes como si las acabaran de pulir, llego a la cocina y no da merito a lo que sus ojos ven, café, jugo de naranja, huevos a su gusto, fruta y un caldo muy suave con algo de carne, todo servido y listo para ser consumido, de pie al lado de la alacena, la misma mujer:

– Don Rogelio, su desayuno está listo, si algo no le gusta o las porciones no son las correctas no olvide que puede informarme cuando guste – su extrañeza aumento con cada bocado, todo estaba muy bien preparado, justo como a él le gustaba.

Termino de desayunar, subió por esas imponentes escaleras, cepillo sus dientes y al bajar, o sorpresa que le esperaba, de pie al lado de la puerta de salida, con su portafolios de trabajo en la mano, un señor algo joven, bien alineado, camisa blanca, un saco impecable, un pelo negro perfectamente peinado, o eso parecía, porque estaba cubierto por un sombrero como de capitán de aviación, parece que estaba listo para tomar un avión y volar al otro lado del continente.

– Don Rogelio, buenos días, mi nombre es Jorge, aquí tengo su portafolios, ya tengo la ruta más rápida para llegar a la oficina y como evitar el tráfico de la hora pico, salimos cuando usted me lo autorice, quedo al pendiente – No daba crédito a todo lo que veía y todas las atenciones que recibía.

Inmediatamente pidió que se embarcaran hacia la compañía, no quería llegar tarde su primer día como Gerente general. Al llegar a la oficina, ocupo su nuevo escritorio y se puso al tanto de los asuntos que requerían su especial atención, saco unos minutos para llamar al presidente de la junta directiva, primero para reportar que ocupaba el cargo con gran entusiasmo, darle las gracias por el voto de confianza y decirle:

– Señor Acevedo, quería también comentarle que esta mañana me han sorprendido con tantas atenciones, tanto cuidado en mi desayuno y tanta precisión para empezar la mañana, pero no sé cómo decirle, quería comentarle que me siento un poco incómodo y hasta me da algo de vergüenza que la compañía gaste recursos en hacerme el desayuno, alistarme la ropa y hasta traerme al trabajo, no me malentienda, me sentí muy alagado, pero no lo considero necesario, yo mismo puedo vestirme cada día para trabajar como siempre lo he hecho, hacer mi propio desayuno e incluso manejar hasta la oficina todos los días sin ser necesarios empleados para tareas tan rutinarias y comunes que me han acompañado siempre–.

El señor Acevedo soltó una breve carcajada a su nuevo protegido y rápidamente le respondió:

– Señor Rogelio, veo que aún no se ubica en su nuevo cargo, es normal empezar algo lento, acostumbrarse a las nuevas tareas que enfrenta y los retos que tiene por delante, pero no me malentienda, ni a mí ni a la compañía a la cual los dos servimos, todas esas personas que contratamos para su servicio personal, el ama de llaves, el chofer, no son para alzar su ego ni enarbolarle banderas de señor muy importante, son para ayudarle a concentrarse en su trabajo, a que usted sea más productivo, las responsabilidades que ahora adquiere son tan importantes que no puede perder tiempo ni ocupar su cabeza en pensamientos banales, como por ejemplo, ¿qué ropa combinara bien hoy? ¿Qué alimentos tiene en la despensa para hacerse su desayuno? ¿Cuál será la ruta más rápida o el estado del tanque de la gasolina para venir a trabajar?, usted debe preocuparse únicamente por hacer bien su trabajo, por mejorar la productividad de la planta, por estar al tanto de las noticias políticas, revisar el movimiento de la bolsa, analizar los indicadores de eficiencia, calcular las proyecciones de utilidades, no podemos correr el riesgo de que usted toma una decisión apresurada sobre temas tan trascendentales para el futuro de la compañía por el simple hecho de que no encontró medias negras que combinaran con su lindo peinado de verano –.

Un chef es conocido como tal, no por cocinar, sino por crear, lo que menos hace el chef es cocinar. Él diseña una combinación de sabores que despierta sentimientos a través de la comida, estructura recetas, cantidades de porciones, crea menús únicos que lo definen y en ese momento se arma con un equipo de buenos cocineros que ejecutaran sus instrucciones y cocinaran sus platos como si él fuese quien lo estuviera haciendo. Un chef no genera ingresos por cocinar, sino por diseñar los mejores platos y conseguir que sus pupilos los repliquen a la perfección.

Su principal función en la cocina es controlar que se mantenga el orden, la limpieza, que los ingredientes sean adquiridos de los más frescos disponibles y que la ejecución de sus obras de arte culinarias sean las correctas en cada plato, pero no da espacio en su agenda a cocinar los platos, servirlos a los comensales ni mucho menos a preparar las porciones de cada jornada, esos trabajos de repetición los delega para enfocarse en las ventas, en como a través de la innovación mantendrá a su público cautivo de su cocina y se prepara para evolucionar su método de cocinar, manteniéndose siempre a la vanguardia en lo que a la cocina se refiere.

El propósito de vida de todo chef es convertirse en un punto de referencia para otros cocineros y un inspirador de nuevos sabores y texturas, romper las barreras populares y el tabú en cuanto a la combinación de elementos que se consideran en el mundo culinario, no pueden ser combinados.

Capítulo 8

Trabaja hasta que lo llamen suerte

"La suerte nunca tendrá nada que ver en el éxito"

La suerte, la superstición, la maldición, los augurios, los amuletos, son principios que tienes que alejar de tu mente y sacar del desarrollo de todo emprendimiento que inicies. La suerte es para los jugadores de lotería, de casino, para los sobrevivientes de un accidente. La suerte es aquella ventaja al azar que recibirás teniendo las mismas oportunidades y amenazas que cualquier otra persona que las enfrente sin distinción alguna ni ventaja conocida en especial. En los negocios es como en el amor, una hermosa mujer o un galante hombre no tiene esta u otra pareja por suerte, fue un trabajo duro, peleas y reconciliaciones, un esfuerzo diario que le permitió a Christopher o Luis tener como pareja a Camila o Valentina.

No tendrás suerte, tendrás éxito. La suerte es el invento de los que lo han intentado, han fallado y fracasado y se han rendido ante un nuevo intento. La suerte es para aquellos que sin esfuerzo y sin voluntad quieren llegar a la cúspide de sus carreras profesionales.

Quisiera que pudieras tú señalar una sola persona que encaje en esa descripción, ¿es acaso Picasso uno de los grandes y más reconocidos pintores de la historia por suerte? ¿O Benjamín Franklin es recordado como un gran inventor por giros del azar? ¿O Pelé será conmemorado como uno de los mejores jugadores de futbol del mundo por estar sentado en casa, viendo televisión, esperando que el Corinthians Futbol Club tocara a su puerta buscando personas interesadas en pertenecer a su equipo?

La suerte nunca tendrá nada que ver en el éxito que profeses o los fracasos que merezcas. Si tu éxito es la envidia de otros, algo estás haciendo bien, tu "suerte" no será más que la proyección de otros imaginándose en tu posición sin el esfuerzo necesario ni la valentía de afrontar tantos errores y aprender de ellos para lograr tus metas financieras y personales. Cuando veas a alguien que está pasando por un momento de gloria, de desarrollo económico, no dejes ensombrecer tu mirada por pensamientos de celos o rivalidad, enfócate más en como es el día a día de esa persona, intenta determinar que está haciendo correctamente e intenta replicarlo en tu vida y tu trabajo.

Si aplicas una correcta planificación, un orden severo en tus estrategias de crecimiento y de trabajo, eres disciplinado en la ejecución de tus tareas, afrontas los retos con personalidad y entiendes que no siempre se gana en la vida, pero cuando ganes, serás reconocido por recibir esas bendiciones con humildad, en ese momento a tus oídos empezará a llegar el rumor de como la suerte te ha acompañado en este difícil camino; en el momento que eso suceda, felicidades, vas por buen camino, lo estarás haciendo muy bien y no habrá limites a todo lo que te propongas.

En mi ciudad tenemos un comerciante, uno de los grandes distribuidores de alimentos de la región en la que vivo, empezó sin recursos en sus bolsillos, de padres humildes, pero muy trabajadores. Desde muy joven consiguió empleo como vendedor de los mismo productos que ahora el comercia en grandes volúmenes, no era, ni es ahora estudiado de carreras profesionales o maestro en ventas o negociación, todo lo construyo con una fuerte dedicación de amor por lo que hace, de trabajo constante y sin distracciones. Una vez que dejo su empleo como vendedor empezó abriendo tiendas de comestibles en distintas partes de la ciudad, mientras organizaba su propia bodega de distribución con vehículos propios y alquilados. Poco a poco y después de varios años y mucha dedicación ahora es reconocido como uno de los más grandes distribuidores de la región, y no ha cumplido los cincuenta años hasta el momento de escribir estas palabras.

Cuando recién estaba en camino de ascenso, se me hizo familiar escuchar su nombre en mis oídos, ya que el rumor que resonaba en algunas bocas envidiosas era:

– Ese señor, ese que va camino a la cima, no hizo su dinero limpiamente, era testaferro de narcotraficantes o distribuidores de droga, empacaba ese producto en sus vehículos y los distribuía por todo el país -.

En un principio me comí la historia completa, creía fielmente que eso era así, no la comentaba con otros porque primero, no estaba completamente seguro que era verdad y segundo, me parece de muy mal gusto juzgar a alguien sin conocerlo, y menos a costas de su progreso. Con los años y a medida que fui madurando, fui entendiendo que esas palabras no eran ciertas, no porque en realidad no lo fueran, sino porque aprendí que la envidia es el más grande generador de rumores, de chismes de pasillo, destructor de nombres.

No podía dar crédito a los rumores que escuchaba, más que lo que si sabía y me era verídico, era que aquel señor de callado hablar estaba obsesionado con su trabajo, enamorado de su negocio y lo consentía desde que empezaba el día hasta el final de la semana. A las cinco de la mañana ya estaba al tanto de las actividades diarias de la bodega y no era sino hasta las once de la noche que descargaban o cargaban el último camión que terminaba su jornada. Un poco obsesivo lo sé, esclavo de su rutina y su trabajo, pero no era por avaricia, por ímpetus de grandeza, lo hacía por amor a lo que hacía, porque cada día que pasaba miraba atrás y veía todo lo que había avanzado, recogía fuerzas para seguir adelante y empeñarse a hacer su tarea mejor y más arduamente.

Hoy en día ya no dedica tantas horas a su negocio, no por pereza o por desánimo, con los años aprendió a delegar, su oficina la retiro de la bodega y la ubico en un edificio de oficinas de lo más elegante. En su escritorio no verás una sola hoja de papel o un cúmulo de carpetas, solo tiene una pantalla, un teclado con su mouse y una bella planta con flores de colores que adornan su espacio.

Los informes los tienen sus gerentes, las cuentas las manejan los contadores, el sistema lo arreglan los ingenieros, los créditos por cobrar los ejecutan sus abogados y él dedica su tiempo a revisar indicadores, confirmar flujos de caja, dinero disponible en cuentas bancarias, se disciplina a trabajar en nuevos horizontes, inversiones nuevas, diversificándose, abriendo nuevos puntos de supermercado, invirtiendo en bien raíz, analizando que depara el futuro para la región, haciendo sus propias oportunidades y aprovechándolas al máximo.

Capítulo 9

La mejor universidad, la experiencia

"Solo sé que no se un carajo"

Estudie mi carrera universitaria, enfocada en los negocios, en la contabilidad y el manejo de retornos de la inversión. Una vez graduado empecé a trabajar y aprendí algo nuevo: *"Solo sé que no sé un carajo"*. Me di cuenta al instante que sabía mucho de modelos, de procedimientos financieros, de estructuras organizacionales, de proyección de ventas, pero no sabía trabajar. No en el sentido práctico de la palabra, he trabajado desde que tengo quince años, ayudando a mis padres en su pequeño negocio local, la verdad era que no sabía enfrentarme a los retos profesionales en un ambiente incierto, lleno de apuros y afrontando decisiones bajo presión. Si te equivocas en un entorno académico, universitario, no hay problema, pierdes el examen, recuperas la materia y volver a empezar es relativamente sencillo. Pero en el mundo real, en el mundo profesional, la cosa cambia. Los errores se pagan con fuertes sanciones económicas, con pérdida de empleos, con el cierre definitivo del negocio, hasta malas decisiones tomada sin la precaución que lo merece puede significar la muerte de un compañero o un subalterno.

La equivalencia más real seria como leer un libro sobre *"como enamorar a la mujer de tus sueños, 15 prácticos consejos"*. Bueno, ya te leíste el libro, ya eres el gurú del amor, ve y practícalo, a ver qué tal te va, entenderás que el rechazo dicho de frente es más difícil de afrontar que a través de las páginas de un libro. La educación es muy importante, casi indispensable para cualquier actividad que nos propongamos realizar, pero sin una puesta en marcha de esos conocimientos, lo aprendido no tendrá ningún valor para nosotros. Si lees este libro y muchos otros que encontraras en el mercado pero no aplicas y practicas lo aquí aprendido, nunca obtendrás los resultados que deseas.

Si eres un estudiante universitario y te decides a estudiar una especialización sobre tu área, espera, frena tus intenciones, date el tiempo de poner en práctica lo aprendido, descubre que las equivocaciones son más difíciles de resolver en la práctica que en la teoría, que el aprendizaje vendrá de las situaciones y los fracasos y no de textos de estudio. El fracaso es el garante del éxito de tu emprendimiento, aprendiendo a las malas las consecuencias de tus errores grabarás en tus recuerdos permanentemente qué debes evitar hacer y cuál es el mejor camino a escoger.

Un cúmulo de fracasos convierten a un inhábil en un sabio, la primera enseñanza del fracaso puesto en práctica es, no te enfrasques en lo sucedido, enfócate en revisar tus pasos, cada decisión tomada que te llevo a esa equivocación. Date la oportunidad de descubrir en que estuviste mal, aprende de ellos, aplica correcciones y ponlas en práctica, verás como a medida que corriges, los fracasos dejaran de guiarte, dejaran de ser las ruedas de apoyo de tu bicicleta y podrás enfrentarte solo al mundo de los negocios.

Capítulo 10

El negocio perfecto no existe, el ideal si

"La perfección o el negocio perfecto es la utopía de todo emprendedor principiante"

Puedes planear todo lo que quieras, estudiar cada aspecto del desarrollo y la ejecución de tu negocio, te darás cuenta de que en la puesta en marcha comienzan a aparecer imprevistos, inevitables situación que no vistes venir y arruinaran todos tus planes. La clave está en cómo lo afrontarás y saldrás adelante, la perfección o el negocio perfecto es la utopía de todo emprendedor principiante. No fuerces tus capacidades a entrar a un mercado desconocido para ti solo porque crees tener el plan perfecto para ello pero no cuentas con las habilidades, el capital, o la pasión por la tarea nueva que estas por enfrentar.

No te encariñes con promesas de dinero fácil, del negocio perfecto. Debes enfocarte en el negocio ideal, que compagine con tus pensamientos, con tu actividad diaria, con el límite de tus capacidades. Un día un amigo escuchando mis consejos me pregunto si le ayudaba a construir un pequeño negocio de venta de hamburguesas, una hamburguesería decía él, tenía la receta secreta de la carne aliñada de su madre, una receta casera que le daba un toque de hogar a todas sus comidas y que tenía un sabor único.

– Quiero tener el mejor restaurante de hamburguesas de la ciudad, tengo todo planeado, cada paso del proceso, no hay pierde, no hay cabida para los errores –, me dijo con la ilusión con la que habla un niño de su siguiente juguete nuevo.

– Ok, me gusta tu pasión – le digo – primero empecemos con algo sencillo, ¿Qué tipo de hamburguesa vas a vender? –

– Pues hamburguesas de carne – me responde él.

– ¿y qué más? ¿Qué otro ingrediente le vas a poner? ¿Qué otra variedad vas a ofrecer?

– No pues pan, lechuga y carne – me responde él con un aire de desconcierto y duda.

– Déjame definirlo de esta manera, cuando vas a comer hamburguesa, la muerdes, ¿qué tienen esas hamburguesas que comes en casa que tu madre prepara que te gusta tanto?, o ¿Cuál es tu hamburguesería favorita, "doble carne, cuarto de libra, la sazón del carbón"? –

– No ningunos de esos lugares me gusta, yo no como hamburguesa, ni siquiera las de mi mamá, la verdad no me gustan las hamburguesas, esa comida llena de grasa, el pan con todos esos carbohidratos, hasta la carne me cae mal, por eso soy vegano – afirma él.

– Hay mi extrañeza se dispara – entonces, ¿Por qué carajos quieres ponerte a hacer y vender hamburguesas? –

– Es un negocio buenísimo, mi vecino puso un punto de esos hace ya cuatro años y ya tiene tres puntos de venta abiertos al público repartidos por toda la ciudad, hasta vendió el carro viejo ese que tenía y compro un bello Audi, ese que siempre te enseño que quiero para mí –.

Él es un joven corpulento, buen estado físico, hace levantamiento de pesas desde la escuela, no a nivel profesional, solo por afición y para manejar una figura que llama la miradas de las mujeres que se le quedan viendo.

– Para – digo yo – ¿Cómo es que quieres dedicarte a algo que no te gusta, que ni siquiera conoces, que no te provoca? – en ese momento proyecte su vida en mi cabeza, dentro de dos años, tarde en la noche, cerrando la cocina a los clientes, maldiciendo por el estrés, la monotonía, lo abrumador de la cocina, los malos empleados que le tocaron, las ventas no pagan las deudas, – ¡Maldito el día que me metí en este negocio y maldita la suerte del que me ayudo! ¡Es el culpable de mi desgracia! – y le pregunte, después tantos años de conocerlo, de escucharlo hablar

– Veo que te gusta el ejercicio, tomas todas esas vitaminas y frascos de colores cada vez que entras y sales de gimnasio, te alimentas bien, saludable, ¿Por qué no te dedicas a eso, a los suplementos deportivos para levantadores de pesas, así como tú? –

– ¿Pero ese negocio si es bueno? ¿Sera rentable? – me pregunta

– **No hay negocio malo, el malo eres tú.** Como piensas tú en esa cabeza medio cuadrada que te va a ir bien en algo como las hamburguesas, un alimento que repudias, todas las veces que me has criticado por comerme una, como si fueras mi médico, dedicándome la carta de la buena salud, del colesterol, de los triglicéridos, de las grasas saturadas. En cambio, eres casi un experto en suplementos alimenticios, llevas años consumiéndolos, sabes cuales son bueno y cuales no tanto, como sacarles el máximo provecho para cada tipo de rutina y cada paso del proceso de crecimiento muscular, sabes de marcas, de precios, de tendencias, de nuevos sabores. No te has percatado pero a través de tu dedicación en el deporte te has convertido en todo un experto en el tema de los suplementos deportivos –.

Bueno, ya han pasado seis años desde aquella conversación, en el momento de escribir este libro. Hace un año abrió su quinta tienda de suplementos, pequeños kioscos en los gimnasios de la ciudad y está incursionando en la venta en línea, no lleva mucho en ese mercado electrónico pero tiene grandes expectativas. Esta semana me llamo para decirme que ya había escogido el color del carro y en unos días más se lo entregaban, cojinería de cuero, rines de lujo, maletero amplio, frenos de disco y un lindo acabado azul con accesorios cromados.

Capítulo 11

Organización, la clave del Éxito

"La caja fuerte de la disciplina"

Disciplina, organización, enfoque, pasión, estos serán tus cuatro dioses en el mundo de los negocios, no hay vudú ni poder más imprescindible en todo gran negocio, que la utilización de estas cuatro actitudes en cualquier fuente de generación de ingresos.

La disciplina es el estado de hacer lo que tienes que hacer lo más temprano que lo puedas hacer y de forma correcta, la disciplina será tu gerente general. La disciplina empieza desde el comienzo del negocio ideal, la planificación de la idea, su ejecución, las finanzas, entradas y salidas de recursos, flujo de caja, manejo de cronograma, presupuestos. Quieres ser Youtuber pero no has abierto tu canal:

– Voy a abril mi canal la otra semana – No, no, no, ábrelo hoy, ahora, créate una cuenta de mail para tu canal y entra a la plataforma, empieza a tratar tu tema, a estudiar de edición de videos e imágenes o busca alguien que sepa más que tú.

El enfoque es eliminar todas las distracciones de tu vida profesional, de tu tiempo libre, mira el panorama, determina tus tareas, las tareas de los demás, encara tu negocio y las bondades de sus triunfos, refuérzalos. La dedicación desbordante de la que hablamos al principio de este libro, tu desborde de pasión por tu emprendimiento debe ser tan poderoso que inspire a tu equipo de trabajo y a otros a seguirte en tu camino, a apoyarte y valorar todo tu esfuerzo, será tu motivador cuando no haya quien más te motive, será tu guía de las decisiones que tomes y te dará toda la creatividad brillante que necesitas en cada parte de tu proceso de crecimiento.

A lo largo o corto de mi vida he conocido gran cantidad de emprendimientos, hoy día y el bumm de las redes sociales, los influencer, las comunicaciones parecen darle un acelerador al comienzo de gran variedad de negocios, de ideas muy prometedoras, de copias más exitosas que las ideas originales. Casi a la misma velocidad que han abierto nuevos locales o espacios, o se han creado servicios, casi con la misma velocidad he visto cerrar muchos de ellos. Yo mismo he experimentado la tragedia de ideas fallidas y mal ejecutadas, todo por culpa de la mala organización.

El principio fundamental de la organización es determinar que se va a hacer, cuantas tareas se deben ejecutar y quien las va a realizar. Muy importante, define quien va a hacer que, si varias personas van a ejecutar la misma tarea, como se van a compenetrar. Deberás determinar primero como producir el producto o servicio a vender, si son masajes, que cremas o tratamientos necesitas comprar, que muebles debes tener en tu lobby de atención al cliente. Segundo determina todos los pasos necesarios para llevar el producto de una materia prima sin procesar a un correcto momento de venta. Debes tener muy claro y organizar tu contabilidad, lo más practico posible ¿cómo y que te generara ingresos? entradas de flujo de caja, y que movimientos tendrán el manejo contrario, gastos ¿dónde están tus principales gastos? ¿Qué desangra tu negocio? ¿Por dónde está saliendo o escapándose el capital?

Finalmente el equipo de trabajo, ¿cuántas personas necesitas a tu lado? ¿Cuántos serán contratados directamente por ti? y ¿qué servicios serán contratados con otras empresas? Por ejemplo, servicios adicionales, técnicos, contadores, transporte, diseño y publicidad. Determina muy claramente cada cargo, las tareas de cada cargo, si manejaran efectivo o no, ¿Qué harán con ese movimiento de efectivo? se mantendrá en caja para gastos regulares o serán depositados en la cuenta del banco. ¿Cómo controlarás los movimientos de efectivo, de cuentas bancarias? ¿Quién es el encargado? ¿Cómo evitarás los robos y la delincuencia? Los horarios que manejaras, los insumos de papelería que gastaras en cada parte de la operación, el costo de cada hora laboral de cada trabajador a tu cargo, hasta el costo de tenerte a ti mismo contratado en la empresa lo debes calcular. Organiza espacios de trabajo, jornadas, días de atención a la semana, variedad de productos y presentación hacia el cliente.

La diferencia entre el autoempleado y el emprendedor de éxito está en la organización, la estructuración de cada pequeña esquina de tu proyecto permitirá la delegación de funciones, ya que una vez sabes que hay que hacer y quien lo va a hacer, puedes delegar, para finalmente hacer tu tarea que no es otra sino controlar, controlar el gasto, controlar las utilidades, controlar cada resultado final de tu magnífico plan de trabajo.

¿Cómo delegar una tarea que tú realices? Según la complejidad que requiera esa tarea, debes realizarlo en cuatro pasos:

PASO 1, EL APRENDIZ

Tu persona, esa que escogiste porque cumple con los requisitos del cargo en cuanto a edad, conocimientos, experiencia, habilidades adquiridas, tu pupilo, deberá acompañarte todo el tiempo en todo lugar, le deberás enseñar cada decisión del proceso, el porqué de las funciones de ese cargo, cual es el significado de cada decisión que él va a tomar de aquí en adelante. Tú vas a hacer y él te va a observar hacer.

PASO 2, EL AYUDANTE

Una vez tu aprendiz ha adquirido cierto conocimiento de la tarea encomendada, resueltas dudas y preguntas, eliminados miedos y comprobado que es la persona para el cargo, debes tener en cuenta que cada paso puede tomar desde unas horas hasta incluso algunas semanas aprenderlo, lo importante no es el tiempo sino la dedicación que tomes a la enseñanza, entre más enfocado estés en este proceso, mejores resultados tu pupilo te dará. En este paso, tú vas a hacer y él te va a ayudar a hacer.

PASO 3, EL OPERADOR

Ya casi está listo, ahora es momento de cambiar los roles y se revierten los papeles, ahora el pupilo es el maestro, en este paso tu ayudante dejara de serlo, ya habrá adquirido cierta habilidad y deberá ser capaz de ejecutar las tareas que le encomendaste, pero aún le falta tiempo para madurar, no tenemos prisa, tenemos enfoque. En este paso, él va a hacer y tú le vas a ayudar a hacer.

PASO 4, LA GRADUACIÓN

Finalmente, tu diamante en bruto ha quedado pulido y ahora es una joya capaz de afrontar cualquier reto que su cargo le presente por delante, será capaz de ejecutar, de mandar, de resolver conflictos, de manejar estrategias, de ejecutarlas, de aportar nuevos conocimientos, aportar experiencia y nuevos conceptos a la tarea encomendada. Viene la titulación del cargo, debes cerciorarte que esa persona es una copia de ti mismo en el cargo, que haría y trabajaría las herramientas y las obligaciones que tiene a su cargo con la misma o mejor entereza de lo que tú lo harías, que le dedicara su esfuerzo y pasión a ello. En este paso, él va a hacer y tú lo vas a observar hacer.

La organización de un negocio nunca termina, todos los procesos sufren evoluciones, cada vez que se presenten problemas en tu negocio, corrígelos, examínalos, especifica muy claramente en un manual de operación de tu negocio causas, efectos, métodos de operación y de evitar nuevas situaciones. No te conviertas en un bombero, en un solucionador de problemas. Muchas veces la falta de organización ocupa nuestra mayor parte del tiempo, como no documentamos nada en nuestro negocio, todo se genera al azar, si ganamos algo de dinero fue cuestión del destino, si nos va mal, el negocio era malo. Debes tener una biblia en tu negocio, hablo de la biblia de tu operación. Vas a escribir capítulo por capítulo, días tras día, tendrás un bosquejo inicial y poco a poco iras agregando experiencias y procedimientos, procedimientos para todo, hasta para la hora del almuerzo, transporte de empleados, mecanismos de motivación y todo lo concerniente a cada tarea de tu emprendimiento.

En términos simples, lo estructuraras de la siguiente manera:

Proceso	Elaboración preliminar de informes contables
Encargado	Auxiliar de contabilidad, subcontratado
Habilidades	El encargado de esta tarea debe ser minimo tecnico contable con habilidades en manejo de excel y manejo del software contable utilizado en el negocio, con experiencia previa en este tipo de tareas, experiencia tanto interna como de empleos anteriores
Función	Presentar un informe donde detalle todos los ingresos regulares, ingresos imprevistos, gastos regulares , gastos imprevistos del mes y descripción del motivo de los imprevistos
Tiempo	Un día del mes debe tomar para hacer el informe
Fecha	Se presentara durante los primeros cinco dias de cada mes, sin exccepción
Costo	Determinar el costo del dia del auxiliar de contabilidad y los materilaes que necesite para ejecutar su tarea

Debes tener toda actividad, movimiento de efectivo y resolución de errores escritos, al alcance tuyo o de tu administrador, organizado y titulado "Manual de Operaciones" y debe contener toda la información valiosa en lo referente a la operatividad del negocio.

Pero siempre ten presente, esta biblia tuya no es pública, no cualquier empleado debe tener acceso a ella, solo deben acceder a la actividad que les compete, recuerda que todo negocio tiene cierto secreto empresarial que la competencia desearía saber; sin embargo, el hecho de que tu manual, tu tesoro sea robado, no hay problema, tu pasión no te la pueden robar, tu disciplina no puede ser robada, tu ingenio y creatividad, tu enfoque no puede ser robado. Inclusive no hay negocio u organización en la tierra que sea capaz de copiar a la perfección un modelo de negocio, lo moldean a su forma de ser, pero nunca podrán imitar habilidades adquiridas con el tiempo, la experiencia, el saber hacer, las relaciones, el conocimiento personal es tuyo y solo tuyo.

Capítulo 12

Mantenlo simple, mantenlo fácil

"No le compliques la vida a tus clientes más de lo que ya la tienen"

No compliques tu idea de negocio, no te determines a tener todo perfectamente programado, ten una planificación inicial, bien detallada y definida pero no definitiva, este plan cambiara con el pasar de los años, evolucionara. No te enfoques en lo que no puedes controlar, la simplificación ha sido la clave del éxito de muchos grandes emprendimientos. Google y su buscador son los amos de la red debido a que cada proceso, cada servicio que ofrecen lo estructuran de la manera más sencilla y cómoda para los usuarios. Windows a diferencia de Linux tiene una estructura más fácil de manipular. McDonald's vende hamburguesas y papitas fritas, pan, pepinillos, mayonesa, tomate y queso, hay esta la fórmula mágica, en diferentes presentaciones, pero son preparaciones sencillas donde la inmediatez en la entrega del producto son la clave de sus ventas.

No le compliques la vida a tus clientes más de lo que ya la tienen, conviértete en un facilitador, no diseñes empaques imposibles de descifrar o productos tan complejos que son difíciles de digerir. Si vas a ofrecer un producto o servicio en el mercado, entrégalo en una presentación sencilla, sin complejidades para tu cliente, tanto en la experiencia de compra como en el servicio postventa, no burocratices tu negocio con formatos, líneas de contacto imposibles de ubicar, productos muy complejos que solo le serviría a unos pocos, enfócate en lo que se vende, en lo que es tendencia, lo que genera volumen de ventas.

Vas a ser un escritor, te apasiona y quieres vivir de ello, escribe historias de amor, de aventura, fáciles y entretenida para los lectores, no te incrustes en detalles muy precisos, deja que la imaginación del consumidor también disfrute el proceso. Las campañas de publicidad más exitosas son aquellas en la que se entrega al cliente la idea de negocio de la forma más rápida y sencilla, nuestro cerebro al recibir mucha información en muy poco tiempo se agota, se aburre, cede ante la monotonía en el proceso y se vuelve reacio a la idea de algo nuevo, algo complicado.

Lo mismo sucede en los procesos de creación de tu emprendimiento, desarrolla lo que tú sabes hacer, ¿no sabes de diseño de marca? Consigue a alguien que te ayude con eso, tanto si es un amigo como si es un servicio pago. ¿Vas a ofrecer un menú de almuerzos? Enfócate en lo que se vende en el mercado, carne, pollo, comida vegetariana, deja el sushi, el pescado, las preparaciones a base de comida molecular a los expertos, a los experimentados con años de experiencia, tú debes empezar en la base del comercio, enfocarte en crearte un nombre entre la población, darte a conocer y así podrás experimentar la variedad, multidiversificar tu producto. No vayas al extremo, no sugiero que vendas un producto y solo un producto, debe haber diversidad en tu catálogo, ofrece de cinco a diez productos y servicios para empezar y ve creciendo a partir de ahí, de las rentabilidades, de lo que te sirve y se te facilita. Si es fácil para ti, será fácil presentarlo de forma compacta y ágil al cliente. No crees campañas de publicidad casi imposibles de cumplir – *"Tómate una foto con nuestro producto, dale like, compártelo con treinta amigos, escríbenos una carta, has un video de los beneficios de nuestro producto, y hay, algún día, te daremos un cupón de descuento para alguna baratija sin utilidad que tenemos almacenada en nuestra bodega desde hace meses"* –.

Hazle sentir al cliente que recibirá un beneficio inmediato por consumir tu oferta, en vez de – *"el gimnasio de Tora, diseño estructural del físico con micro rupturas musculares poderosas"* ofrece mejor *"el gimnasio de Tora, más grande, más fuerte, más rápido"* –. La simplicidad de combos, de servicios, de procesos, te hacen merecedor de un negocio ágil, rápido de digerir, que si requiere un cambio, una reestructuración pueda hacerse de forma sencilla, practicable casi al instante, sin tantos departamentos de trabajo entremezclados que forman un engranaje tan compenetrado que mover una pieza de lugar desataría el caos.

NO SABES CÓMO DISEÑAR TU LOGO

Revisa el logo de las compañías más exitosas de tu sector, verás que no se complican con diseños artísticos fuera de este mundo hecho por artistas renombrados, son conceptos sencillos que intentan a través de una pequeña imagen identificarse en la mente de consumidor y generar recordación de marca, ten presente aspectos como la teoría del color y cómo influye en la mente de los consumidores pero no quieras convertirte en un experto, no creas que por diseñar el logo perfecto, tus preocupaciones abran terminado y tu éxito está garantizado.

Un hombre, pequeño comerciante, de esos que ocupan cada esquina de nuestras ciudades, un abarrotero, vendedor de frutas y verduras, de golosinas y bebidas refrescantes, vendió su negocio, ya por cansancio, por vejez, tenía treinta años en el negocio, ya sus hijos eran independientes y sus canas daban fe de años de entrega y esfuerzo, consideraba que ya era tiempo de dar un paso al costado y entregar las llaves de su bien amado local a unos hermanos, jóvenes, vigorosos, llenos de ideas frescas y con mucho entusiasmo, con ideas de modernidad. Habían pasado tres días desde el momento que firmaron la venta, que aquel hombre de avanzada edad había entregado su negocio, pero cada día pasaba por enfrente de su antiguo establecimiento y veía que aún mantenía las puertas cerradas, los hermanos no abrían las ventas al público, los vecinos le preguntaban a Don Carlos que había pasado, él, curioso, se fue a inspeccionar, no entendía este nuevo modelo de ventas de los jóvenes donde con las puertas cerradas lograrían vender algo.

Toco la puerta, y al entrar quedo anonadado con lo que vio, toda la mercancía de las estanterías estaba en el piso, las neveras estaban vacías, las botellas de agua y jugo se encontraban distribuidas por todo el piso ¿Qué pasó? Fácil, aquellos jóvenes, impetuosos, llevaban tres días subiendo los productos a los anaqueles y volviéndolos a bajar para repetir la tarea y volverlos a surtir:

—La leche debe quedar cerca al pan, si pero las bebidas energizantes no pueden quedar cerca de las bebidas azucaras, y estás peras no se van a vender si las ponemos al lado de las manzanas —.

Habían pasado tres días buscando la configuración perfecta para la tienda, la ubicación más estratégica de los productos, revisando la composición calórica de cada artículo, hasta la distribución según el país de origen de cada alimento, habían logrado convertir el pequeño expendio del señor Carlos en un mar de mapas de procesos, de rutas de acceso, de estructuras integradas de marketing, de cadena de suministros integrada y organizada de la forma más llamativa posible para el cliente y a ese paso, la vida se les iría en ello, no había forma de componer tal sinfonía de artículos de una forma más compleja y complicada.

Aplica la simplicidad no solo en tu producto o servicio, en tus procesos, en tu publicidad, directa y sin rodeos, con un poderoso mensaje llamativo y que contenga un toque profesional. ¿No has podido empezar porque no entiendes muy bien una parte de la ejecución? Subcontrátala, no diseñes tú la página de internet, no te bloques en detalles que puedes conseguir por cantidades en el mercado.

Capítulo 13

Diversifica

"La falta de diversidad de mi primer negocio fue el agujero negro de mi fracaso"

La diversificación de tu negocio vamos a afrontarlo desde dos frentes, primero, la diversificación de tu negocio central, de tu primer emprendimiento, segundo, de tus futuros y variados emprendimientos.

EN PRIMER LUGAR

Tu idea de negocio inicial, central, no debe ser tan centrada y específica para un tipo único de clientes, que cierre la puerta a un abanico de posibilidades y corte un flujo de potenciales clientes. Una vez fui dueño de una franquicia de mensajería, era la franquicia más económica del mercado y no quería arriesgarme mucho, además era un modelo de negocio sencillo y fácil de administrar, mi emprendimiento, fracasó rotundamente. Aprendí dos cosas a partir de ahí, primero, a que sabe el fracaso, es amargo y cuesta mucho quitarse el mal sabor de boca, el tiempo mis queridos amigos, lo cura todo, sal de la depresión, afronta tus errores, afronta que por más brillante que sea tu idea, siempre te enfrentaras al inevitable fracaso, no para convertirte en un fracasado, sino para aprender de tus errores y crecer.

EL SEGUNDO ERROR

La falta de diversificación, el sistema era sencillo, yo recibía sobres y paquetes de personas que necesitaban enviarlas a cualquier destino nacional y recibía un veinte por ciento de la venta, sencillo, fácil de calcular costos y gastos, un empleado, un local, todo era perfecto, la falla, la falta de diversificación. Había una composición de errores en el negocio, primero, la franquicia no tenía recordación de marca en mi ciudad, las personas usaban más los servicios de la competencia, así la espera por enviar un sobre o paquete con ellos fuera más larga y costosa, por el hecho de no entender muy bien que ofrecía mi negocio.

TERCER ERROR

Solo podía recibir, por directrices de la casa matriz, paquetes pequeños, que pesaran un máximo de cincuenta kilos, ya fuera en volumen o en peso, esto limitaba poder facturar envíos de gran volumen que eran los que generaban las mayores utilidades.

CUARTO ERROR

Al ser poco conocida la empresa de mensajería en la región, la empresa igualmente tenía poca presencia y esto ocasionaba que los envíos cercanos, los que debían entregarse en el menor tiempo posible, los que generaban el mayor volumen de ventas, demoraran más en llegar en comparación con los tiempos de entrega de la competencia.

QUINTO ERROR

Y muy importante, la falta de diversificación. Los clientes que atendían solo podían acceder a un servicio y solo un servicio, la mensajería, no pensé en la variedad, en agregar un punto de cafetería, bebidas, vender desayunos, ampliar mi portafolio con un sencillo almacén de venta de artículos básicos de tecnología, teclados, cámaras web, protectores de pantalla para celular, por contrato, la franquicia no era exclusiva y me daban la libertad de agregar más servicios propios al punto de venta. La falta de diversidad de mi primer negocio fue el agujero negro de mi fracaso, las pocas ventas no cubrían los gastos mensuales, los pocos clientes que fidelice no eran suficientes, mi mal enfoque fue el garante de mi fracaso.

Existía un restaurante en mi ciudad, muy bueno, muy práctico y sencillo, tenía dos puntos de venta, vendía comida mexicana, un menú no muy extenso, solo eran cinco productos, ensalada, tacos, nachos, burrito y sopa. Me encantaba no solo la comida sino la practicidad del que ideo el negocio, vendía los cinco productos en las mismas variedades, pollo, cerdo, carne y vegetales, solo cambiaba la presentación, los burritos tenían todos los componentes de los burritos y solo cambiaba el tipo de carne que llevaban, e incluso la intensidad del picante. Los nachos y la sopa tenían la misma lógica, si quería sopa, era una sopa de cerdo, pollo, carne o vegetales y los nachos tenían un riquísimo queso cheddar con alguna variedad en la proteína.

La simplicidad y falta de variedad de su negocio fue su fracaso, no ofrecían otro plato, o te gustaban las preparaciones de comida mexicana o tenías que comer en otro lado, la estructura de los platos era más de comida rápida que un plato completo de comida, como lo es un plato de restaurante; estaba muy bien ubicado como para poder pagar la renta, ese espacio que un puesto de comidas rápidas sin reconocimiento de marca no puede darse el lujo de pagar. Sus pocos ingresos, su poca variedad en el menú, sus elevados gastos de renta fueron su fracaso, estaba limitado a un público objetivo muy específico, teniendo en cuenta que en mi región la comida mexicana no está muy extendida y no es un plato muy solicitado, es más comercial la comida caribeña con preparaciones a base de pescado y camarones.

No me entiendas mal, no considero que ese tipo de locales deba ofrecer un menú imposible de cumplir, solo que demasiada simplicidad es negativa para los ojos de los potenciales clientes, ven muy pocas posibilidades y por lo tanto poco impulso de consumo. Si vas a tener un restaurante de comida vegana, adelante, pero no te limites a no ofrecer uno que otro plato a base de carne, piénsalo así, si un grupo de amigos quieren ir a comer a un restaurante en una reunión un viernes por la noche, aunque la mayoría de los que van a comer sean veganos, los no veganos no se verán atraídos a consumir en un restaurante que no sirva un plato para ellos, y los que sí están dispuestos a comer en aquel lugar no obligaran a su grupo de amigos a pasar un mal rato y no poder satisfacer su gusto por una buena comida. O potencializas tu inversión en publicidad y reestructuras tu negocio, o prepárate para la derrota.

El segundo aspecto a tratar acerca de la diversificación es la diversificación de negocios, no te enfoques en un solo emprendimiento. Si, en tus inicios, muy bien, adelante, pero a medida que desarrolles tus habilidades de comerciante, de inversor, diversifica tu portafolio de proyectos. Si empezaste con una oferta de asesorías virtuales a pequeños comerciantes sobre publicidad en redes sociales, a medida que ese negocio se estructure y genere una constante fuente de ingresos, piensa en otro negocio, una página de internet que enseñe idiomas, una pequeña entidad de financiamiento con créditos a corto plazo, una venta de joyería de bajo costo, un almacén de lentes de sol, una venta de ropa confeccionada bajo las medidas de los clientes.

EN LA DIVERSIDAD ESTÁ EL SABOR

Ninguna tendencia es para siempre y ningún modelo de negocios es perpetuo, la diversidad te dará estabilidad, no solo la diversidad de negocios, sino de territorios, o en una crisis económica nacional, no importa cuántos emprendimientos tengas, cuantas grandes ideas exitosas desarrollaste, si un terremoto echa abajo tus emprendimientos, los emprendimientos en otras ciudades del país serán tu base de bienestar o tus ingresos provenientes de pequeños negocios en el exterior. No inviertas solo en tecnología, hazlo en bienes raíces, en proyectos sociales, en instituciones educativas de programas técnicos, no te apoyes en una sola fuente de ingresos. Si tu fuente de ingresos primaria termina siendo devorada por los gastos, los errores, la burocracia, no te preocupes, tú, que diversificaste, tienes otras fuentes de ingreso que soportaran tu monetización. Si tienes siete locales abiertos al público y uno fracaso, aprende de ello y enfócate en los seis que aún siguen operando, no te quebraste, solo tuviste un revés, que serán muy comunes en todo el proceso de aprendizaje.

Capítulo 14

¿Cómo monetiza el internet?

¿El internet es un buen negocio?

Hace muchos años ya, cuando aún era yo muy joven y los youtubers, EBay y Amazon estaban acaparando los titulares de las noticias, mi padre me pregunto:

– ¿El internet es un buen negocio? – Yo muy joven pero ya consciente de la forma en que se generaban los ingresos le conteste

– No hay negocio malo, nuestra falta de enfoque, de disciplina y de pasión son los malos – el alumno se volvió maestro, los malos éramos nosotros.

El internet hoy ida está generando los ingresos que muchos inversores de riesgo pensaron que se generarían en los años 2000. En esa época sucedió un fenómeno conocido como *"la burbuja de las punto COM (.COM)"*. Estaba en vuelo la masificación del internet, el boom de esta nueva economía, Bill Gates se había convertido en el hombre más rico del mundo porque tuvo la "suerte" de dedicarse al negocio de la tecnología.

Se creó el escenario perfecto para el desastre, un ambiente de especulación donde se creía que el internet era el negocio del futuro, lo es, pero los inversores aún estaban en un mercado emergente, quisieron volverse millonarios de un día para otro, se crearon miles de emprendimientos y compañías, muchas de ellas a base de ideas de gloria sin estructura de negocio, sin planificación, solo jóvenes inexpertos creando dominios en internet, generando grandes volúmenes de ingresos, pero no a base de ingenio, de organización, de modelo de ventas, los ingresos provenían de inversionistas que se enfrentaron a un mercado en riesgo, novedoso, poco explorado, y en los negocios siempre existirá la especulación, *"el que golpea primero, golpea dos veces"*.

– Es algo nuevo, interesante, nos haremos ricos de la noche a la mañana – y si les preguntabas:

– ¿Por qué? ¿Qué van a vender? ¿Qué te van a comprar las personas? ¿Cómo será tu flujo de ingresos? – La respuesta era:

– Eso es lo de menos, se han creado páginas de internet muy buenas, el dinero llegará solo, como por arte de magia –.

No pasaron muchos años desde ese momento inicial del Boom del internet y de las punto COM, que los inversionistas se dieron cuenta de que estaban creando pequeñas ilusiones que no pasaban de ser eso, ilusiones. La gran cantidad de compañías punto COM no estaban generando ningún tipo de ingresos, no están naciendo nuevos millonarios ni el dinero caía del cielo ¿Por qué?, muchos factores influyeron, además de no aplicar ninguno de los elementos de este libro, de invertir a base de chismes, de rumores de pasillo, habían muchos elementos faltantes en esa época que no generaban el escenario que hoy existe, la monetización del internet.

En esa época, a diferencia de la época actual, faltaba mucho desarrollo del mercado virtual, no existían la masificación de la red, la facilidad de la conexión remota, el consumidor no estaba preparado para separarse del mercado tradicional y consumir todas sus necesidades a través de una pantalla, la compra en línea, el movimiento de dinero, transferencias online, era casi un tabú.

Consecuencia, ya para el año 2003 más de cuatro mil compañías basadas en un modelo de operación en internet en los Estados Unidos desaparecieron rotundamente, quebraron estrepitosamente y quemaron miles de millones de dólares en unos cuantos días.

Veinte años después de ese momento el mercado ha cambiado y está evolucionando a un nivel un poco más sofisticado, Youtubers, Instagramers, E-commerce, Redes Sociales, marketing de afiliados, marketing digital, embudo de ventas, tráfico en línea, publicidad online, plataformas web, han cambiado el modo que pensamos y el panorama de la nueva generación. Hoy en día se han vuelto a constituir miles de empresas con su base de operación y de modelo de negocio en el internet, la diferencia, son organizaciones mucho mejor estructuradas, con un plan de negocios definidos, venden bienes y servicios a base de estrategias de manejo del mercado, de control, de disciplina.

EL INTERNET

Solo es un medio diferente para la generación de ingresos, no tiene diferencia con el mundo real, es el mismo enfoque en un medio diferente. Al igual que en el mundo real, hoy día los que están monetizando el internet tienen que planear estrategias de publicidad, estrategia de ventas, fidelización del cliente, generación de valor agregado para sus productos, recordación de marca, diversificación de portafolio.

Si, desde un youtuber hasta una compañía de investigación y desarrollo realizan estas tareas. Si pensaste que con solo grabarte unos minutos, subir un video de cinco minutos en YouTube te convertirían en el próximo Germán Garmendia (Canal de YouTube *"Hola soy Germán"),* estás muy equivocado. Existen miles de formas actualmente de monetizar el internet y convertirlo en un fuente real y constante de dinero, empecemos por la que es más popular en este momento, YouTube.

¿Cómo monetiza YouTube a los Youtubers? En YouTube ganas dinero de tres formas, si alguien al momento de ver tu video el espectador se topa con un aviso publicitario y lo ve completo, a ti te pagan una mínima porción por el impacto de la publicidad. Si el usuario que mira tú video da clic en la publicidad, también te pagan un mínimo porcentaje porque se confirma que el impacto fue positivo. Ahora si esa misma persona compra algo a través de la publicidad que "engancharon" en tu video, tu recibes un porcentaje de la venta que se acaba de realizar, fácil cierto. La verdad es que no es tan sencillo o fácil como lo hacen ver.

Primero que todo necesitas generar millones de vistas a tu canal de YouTube, no te pagaran por vistas de tu video o likes coleccionados, es solo que entre más personas vean tus videos, más probabilidad hay que vean la publicidad que incrusta YouTube en ellos, que le den clic a la misma y compren algo que vean interesante. Por eso los videos sobre tecnología, video juegos y entrenamiento para inversores son los que más generan ingresos, son el contenido más apetecible para las compañías que aprovechan este medio para hacer publicidad e impactar directamente al consumidor.

Los videos de política generan millones de vistas y un ingreso prácticamente nulo ¿Por qué? Porque las compañías no cuelgan publicidad en estos videos, ya que no quieren politizar su marca, no quieren que los relacionen con alguna corriente política, los políticos van y vienen, pero las compañías, bien trabajadas, perduran para toda la vida. Por eso los videos en habla inglesa generan mayores ingresos que los contenidos en habla hispana, ya que, además de que el inglés es el idioma universal, son un público que es más recurrente al consumo de artículos y servicios por internet, están más familiarizados con el concepto de las compras por internet, un video de YouTube en ingles puede generar cuatro veces más que un video en español.

Para generar estas millones de vistas debes tener presente muchos factores, primero, generar tráfico, conseguir que millones de personas vean tus creaciones y vayan por más a tu canal. ¿Cómo? Revisando tendencias, creando contenido útil, propio, interesante, que alimente al consumidor, que sienta que recibe algo a cambio de su tiempo, entretenimiento, información valiosa, conocimiento. Segundo factor, debes fidelizar a tu audiencia, responder preguntas, leer comentarios, que tu audiencia sienta que los videos son para ellos, pensando en ellos, demostrando preocupación porque tú valioso contenido les sea útil a ellos. Por último, y esto se consigue a través de los años, tu contenido creara un nombre, una marca penetrada en la mente de los consumidores, te buscaran por contenido nuevo y fresco, querrán ver tu evolución, tu diversidad de contenido, no puedes tomar un solo tema de discusión o entretenimiento y estirarlo para cuatro o cinco videos, generarías un ambiente de monotonía, de falta de innovación, de *"esto ya lo he visto antes"*

Así es, al igual que en el mundo no virtual, en el mundo real, la monetización del internet requiere una planificación organizada, una estructura de negocio, tanto como si lo vas a desarrollar tú solo, como si vas a tener un grupo de trabajo definido y capacitado. No es de la noche a la mañana, requiere tiempo, estudio, prueba y error, contabilización y lo más difícil, vender valor a través de un servicio o hacer creer a tu consumidor que por su pequeña contribución está recibiendo algo que lo enriquezca, personal o comercialmente.

Los Instagramers son lo equivalente a una agencia de modelos, no porque sean modelos, sino porque son los conocidos influencer, personas que ya van detrás de la tendencia, generan tendencia, su público se puede equiparar a zombis dispuestos a consumir lo que se les dicte, tienen un impacto más directo en el público y monetizan participando en campañas publicitarias que son presentadas a los seguidores de forma a veces un poco sutil, casi indetectable o de la forma más descarada posible. Sea como sea, el influencer puede decidir irse por el camino difícil e intentar capturar inversores y compañías dispuestas a invertir en su nombre, en su marca a cambio de generar impacto en el consumidor, o se puede unir a una red de influencer a través de compañías estructuradas que reciben los jugosos contratos de publicidad.

Un ejemplo, Coca Cola lanzo su nueva marca sabor limón, dulce, refrescante, como el producto que siempre los ha caracterizado, necesita darlo a conocer al mercado lo más rápido posible, hacer la mayor cantidad de ruido. ¿El siguiente paso? Coca Cola va a una de estas compañías alojadas en la red, que tiene un catálogo de Instagramers extenso, de influencer con miles o incluso millones de seguidores; la campaña tendrá un costo de diez millones de dólares y necesitan impactar o llegar a la mente de por lo menos mil millones de potenciales consumidores, en regiones del planeta específico, con edades específicas, por lo que la compañía de "modelos" contacta a su red de influencer que cumple con las especificaciones que Coca Cola exige, les invita a crear campañas individuales en base al nuevo saber de la Coca Cola y a cambio de su ímpetu pagara a cada uno cierta cantidad de dinero por like generado, por comentario realizado con el hashtag #CocaColaLimon.

Y así continúa este modelo de negocio, pero no solo es la venta de publicidad, es la venta de espacio virtual lo que genera ingresos, la venta y distribución de productos, la venta de todo tipo de servicios, la asesoría virtual. Prácticamente cualquier artículo o servicio que se ofrezca hoy día a un consumidor físico, se está comercializando a un consumidor virtual. ¿Hay casos de éxito? Por cantidades, son emprendedores llenos de dedicación por su trabajo, dedicados a su oficio, decididos a liberarse financieramente de sus padres o de un trabajo agobiante y mal pagado. El mundo cada día se torna más virtual, yo lo considero un gran mercado, hay mucho espacio aun por recorrer, aún hay muchos países que no han masificado el uso de internet, casos como África, América latina y muchos países de Asia, no tiene acceso a la red o no conocen de este mercado, y son potenciales clientes que a medida que los años van avanzando, el flujo de clientes va en aumento, a ritmo frenético y acelerado.

Si quieres monetizar el internet y generar recursos hacia ti, debes llevar a cabo todos los pasos e indicaciones de este libro hasta este momento, crea un plan de negocios detallado, con estructura de gastos e ingresos, ¿Qué vas a vender? ¿A quién vas a vender? ¿Por qué te van a comprar a ti si ya hay otro competidor en el mercado ofreciendo prácticamente lo mismo? Ya sea que quieras ser un influencer o una compañía de comercio en línea, debes estudiar, auto edúcate, ya sea que requieras invertir en cursos de estudio sobre tu plan de negocios en específico o acceder a toda la masiva información gratuita que existe en línea.

Mientras estés estructurando tu negocio en línea, no gastes tu valioso tiempo en ocio, en videos de humor de YouTube, en series y películas en Netflix, busca contenido que alimente tu plan, que alimente tu mente y alimente tu negocio, ya después habrá tiempo para el ocio, pero si no empiezas hoy, a estudiar, a educarte, a estructurar cada aspecto de tu negocio en línea, cada día perdido no se recuperara, recuerda que Bill Gates tiene las mismas 24 horas al día que todos nosotros, para Mark Zuckerberg el planeta le da la vuelta al sol a la misma velocidad que a todos los demás mortales, Warren Buffet no ha podido alargar su vida un par de años para tener una ventaja comparativa sobre nosotros, si han tenido algo diferente que nosotros no hemos tenido, enfoque, determinación, pasión, disciplina y organización.

Capítulo 15

La disciplina, el gerente indispensable

"No dejes nada para mañana, ni para después, lo que puedes hacer en este preciso momento"

Todo negocio, todo emprendimiento requiere un gerente general, puedes ser tú o delegar a alguien, en mi caso, la disciplina es mi gerente, un horario estricto, una alimentación balanceada con algún pecadillo de vez en cuando, una suave rutina de estiramientos y ahora si, a enfocarnos, ¿Qué tengo que hacer? ¿Qué depende de mí para ser hecho? ¿Cuál es mi lista de tareas para este día, para esta semana, para este mes? Programa tú tiempo y programarás tu vida. Créate un horario de trabajo, de familia y de ocio, y cúmplelo a cabalidad.

Una estrategia muy importante de la disciplina es asignar responsabilidades y prioridades. Todos los días antes de dormir, o justo después de levantarte, toma una hoja de papel, tu celular, una página en tu computador y anota todas las tareas pendientes del día y de la semana. Asígnale una prioridad a cada tarea y en lo posible un tiempo de ejecución y aún mejor, una probabilidad de cumplirla.

Tarea 3	Revizar el saldo en bancos
Prioridad	Alta
Responsable	El dueño, osea yo
Tiempo para realizarla	15 minutos
Propabilidad	100%

Ármate de una agenda, así como los grandes ejecutivos lo hacen, lleva un cronograma de actividades, has las que dependan de tu propia mano lo antes posible, no dejes nada para mañana, ni para después, lo que puedes hacer en este momento.

Darle un enfoque a tus responsabilidades, una prioridad, después, después habremos fracasado y tendremos la eterna pregunta en la cabeza ¿Por qué a mí?

Toma un calendario, un recordatorio en tu celular, haz anotaciones inclusive anuales, de tus pendientes, fecha de pagos de renta, de pago de servicios públicos, calendario de impuestos, de mantenimiento de equipos, de fecha de terminación de campañas publicitarias, de vencimiento de extintores de tu local, de apertura de nuevos canales de venta, de publicaciones. Ten muy presente tu horario de la semana, entre más organizado tengas tu agenda más tiempo libre tendrás para dedicarlo a tu negocio, a su crecimiento, a su expansión, a la captura de nuevos mercados, al lanzamiento de nuevos servicios, a controlar tus finanzas y las de tu negocio.

Es así, que con la misma disciplina con la que afrontas horarios y funciones, debes tener disciplina con las finanzas de tu negocio y las tuya propias, el dinero del negocio no es dinero de bolsillo, no puedes robarte a ti mismo, los pequeños gastos no relacionados con tú fuente de ingresos es otro de los principales canceres de todo emprendimiento, inclusive, puedes llevar años en el mercado, que si no controlas este aspecto, no hay capital que aguante un constante azote de desfalcos provenientes del propio jefe.

Con esa disciplina te fijaras un salario acorde a las capacidades de tu negocio, que le dé espacio a tu inversión de renovarse, de reinvertir las utilidades, no te aspires a salarios exorbitantes que no te permitan a futuro cubrir un desperfecto, un daño inesperado, imprevistos, la posibilidad de abrirte a nuevos horizontes, que te atrape en un círculo infinito de ganancias y pérdidas.

Este salario debe ser, en tus inicios, el más bajo pagado en el mercado en ese momento, poco a poco y con el arribo de mayores utilidades puedes darte el lujo de aumentarlo gradualmente, sin afanes, no desgastes tu economía sin siquiera tener una, productiva, que te dé la tan anhelada libertad financiera. Prívate de ciertos gustos hoy, consiente tus proyectos, tus estrategias, gasta en ellas, invierte tus excedentes, y verás, que serás gratamente recompensado por los pequeños sacrificios que hagas el día de hoy.

Capítulo 16

Las mentiras de la inversión

"No sigas consejos constructivos de personas que nunca han construido nada"

Cada vez con más frecuencia veo en internet, en redes sociales, "inversores de éxito". Personas mostrando sus majestuosas casas de treinta y cuatro habitaciones, tres piscinas, tres mil metros cuadrados de lujo y gloria, ofreciendo su ayuda desinteresada por el módico precio de comprarle un curso virtual o un libro sobre inversiones. Un día de estos, ocioso yo, me encontré con uno de estos emprendedores de éxito, gurú de las finanzas, maestro de la inversión en bolsa de valores, manipulaba el Bitcoin a su antojo, promesas de retorno de la inversión que el porcentaje que ofrecía tenía más ceros que mi cuenta bancaria. De curioso entre a su página de internet, a ver qué era eso tan bueno que ofrecía, cuál era el secreto mágico y misterioso que él se había robado de los monjes del Himalaya, que los grandes magnates dueños de los medios de comunicación no querían que supiéramos y que haría temblar el mercado financiero de Forex a mi favor.

Un clic en su página e inmediatamente salta a mi pantalla una colección de siete libros, biblias del conocimiento, con una estructuración tan sínica que no podía dar merito a lo que veía, ofrecía una colección de cursos en libros, cada uno tenía un título del estilo: *"millonario en unos días invirtiendo en bolsa" "la bolsa de valores y como me hice millonario" "Forex, léeme y en unos días no volverás a trabajar"*. Soy un poco exagerado, tan vez los títulos no eran tan ridículos, pero eran absurdos, y cada título que precedía al otro era cada vez más ridículo, siete libros con exactamente la misma información bajada de Wikipedia o alguna otra plataforma abierta al público, los títulos eran idénticos, solo cambiada el orden de las palabras y cada uno acompañado con el siguiente mensaje: *"Solo por hoy 70% de descuento en cada tomo, antes 120 euros, hoy y en la próxima media hora 36 euros"*. Es lo que yo llamo la estrategia maquiavélica de los gurús en inversión.

No estoy en contra de los coach de inversión, del desarrollo profesional, desarrollo personal, personas que venden su experiencia, comparten lo aprendido a través de errores y derrotas que los hicieron más fuertes y ahora pueden compartir métodos de confrontar estos problemas, aplicación de estrategias funcionales. Si quieres educarte y comprar un curso en línea, un libro para ello, adelante, si quieres auto educarte no necesitas de un curso en línea o una universidad, con YouTube y algo de disciplina puedes aprender cualquier idioma del mundo, inclusive de zonas tan alejadas de algunos hemisferios como Vietnam o Finlandia.

INVIERTE EN TU PROPIA EDUCACIÓN

Es indispensable, inversión tanto en tiempo como en dinero, lee cuantos libros puedas sobre inversión, marketing digital, fuentes de diversificación de ingresos y los impacto de la publicidad, y a título personal, de desarrollo emocional, de automotivación, de superación personal. No es tan importante la cantidad de tiempo o dinero que planeas invertir en educación, en preparación, lo realmente importante es a quien le vas a entregar tu tiempo, tu dinero. No sigas consejos constructivos de personas que nunca han construido nada. No creas en historias maravillosas de éxito, en caminos fáciles y sencillos al éxito, recuerda que en el camino fácil siempre hay fila, si fue tan fácil como lo predica aquel gurú, todos seriamos millonarios.

Esta estrategia de ventas de cursos, de conocimiento, de promesa de inversiones maravillosas no es nuevo, muchos llevan en esta tarea muchos años, especulando sobre valores, contaminando la mente de muchos, el dinero que hay alrededor de este mercado de la especulación es lo que día a día mueve hacia arriba y hacia abajo el valor de las acciones de la bolsa de valores.

La crisis de la burbuja de las punto COM (.COM) que mencione en unos capítulos anteriores son el efecto de precisamente de creer en gurús sacados de un sombrero, de comernos el cuento de que la magia financiera existe y le dinero fluye de un punto incomprensible hacia mis bolsillos.

Compre un libro sobre inversión en bienes raíces en Estados Unidos, *"aprovéchate de las subastas inmobiliarias"* decía o profesaba, algo parecido a: *"saca provecho a lo que los demás están dejando pasar, vuélvete millonario con el mínimo esfuerzo"*, promesas de rentabilidades mayores al 40% anuales sobre el dinero invertido, sin más que mover los dedos para hacer la transferencia en línea y asegurar mi cupo en el programa. Bueno, un año después y diez mil dólares menos me retire, doy gracias al cielo por dos aprendizajes después de aquel amargo año.

Uno, no creer en las historias de caritas sonrientes, de dinero fácil, de que con poco esfuerzo se alcanzan los sueños, y dos, aprendí más en inversión en el mercado inmobiliario que si me hubiera gastado esos diez mil dólares en cursos, en una universidad estudiando una carrera, o asistiendo a eventos de aprendizaje profesional. Vuelvo e insisto, no sugiero que la inversión en educación sea un desperdicio de dinero, me parece fundamental, pero solo es el 50% de trabajo, el otro 50% del éxito de la educación adquirida está en la puesta en práctica, de la puesta en marcha.

Un amigo, desempleado él, un poco angustiado por su situación, me conto una historia, compro el periódico buscando en los clasificados oportunidades de empleo que aliviaran en algo su situación, vio uno que le llamo poderosamente la atención, una publicación que rezaba: *"Importante compañía de benchmarking y posicionamiento internacional requiere asociados para expandir sus operaciones en este ciudad, interesados asistir a la junta de negocios de la siguiente dirección"*. Me dijo que no daba merito a lo que leyó e inmediatamente se programó para la tan esperada "junta de negocios". Llego a un hotel, muy lindo él, un gran salón lleno de sillas, de mesas, de manteles, de personas curiosas, llenos de esperanzas y sueños; eso sí, no había meseros repartiendo una gota de agua o champaña.

Su mente se desequilibró y una carcajada de desconsuelo salió de su boca cuando vio entrar al salón a la junta directiva de tan importante compañía, un grupo de personas bien vestidas ofreciendo a la audiencia un libro maravilloso de inversión internacional que en el mercado tenía un costo de cien dólares, escrito por Manuel Avivar, un sensei de las inversiones, que vivió quince años con los esquimales del polo norte y había adquirido toda la sabiduría, tribal, indígena, sobre inversiones en bolsa de valores, en comercio electrónico y bienes raíces, sacado de quien sabe dónde. Mi amigo y los otros incautos eran merecedores de tal conocimiento por el módico precio de quince dólares el tomo, una oferta nunca antes vista en la historia de las asesorías empresariales.

– ¿Qué paso después? – Le pregunte

– No sé, yo me levante y salí de aquel lugar oscuro y tenebroso, junto con muchos otros, que dejamos atrás a un grupo de infelices, pobres almas con brillo en los ojos –.

Estudia, aplica lo estudiado, interésate por un autor, o un grupo de autores, llenos de conocimiento valioso, demostrable, palpable ante tus ojos, que te permitan adquirir más conocimiento a través de sus experiencias del que tú pudieras adquirir en tan corto tiempo por tu propio esfuerzo; segundo paso, aplica, practica, ponte a prueba y pon a prueba lo aprendido, si no, las palabras no se levantaran de las páginas y harán el esfuerzo y el sacrificio que solo te pertenece a ti.

Capítulo 17

Cásate conmigo, por favor

"¿Qué me dirías?"

¿Qué me dirías? si en este momento yo llegara a la puerta de tu casa, me pusiera de rodillas, tomara tu mano y te pidiera que te casaras conmigo, justo en este momento, no me conoces, no tienes idea de quién soy, nunca antes me habías visto o habías hablado conmigo, no conoces mi lado amable, mi ternura, mis defectos, hombre o mujer, no importa ¿Qué pensarías? Eso es un sí o un rotundo no ¿Por qué me rechazarías? ¿Qué viste en mí la primera vez y, tal vez a futuro, que te estremecí en la segunda impresión? ¿Te atreverías a rechazar tan valerosa oferta de mi parte?

Esa es la clave, tú, tu negocio, tu producto o servicio es constantemente una propuesta de matrimonio para tu cliente, cásate conmigo, cómprame y seme fiel hasta el final de nuestros días, no voltees a ver a otro, no desees a la competencia, con sus curvas de mejor prospecto. Tu cliente será tu pareja, debes a través de tus estrategias, de tus habilidades, de tu valor agregado, enamorarlo, seducirlo, ¿Cómo hacer para que te compre, para que se enamore de ti y se case contigo si no te conoce, nunca te había visto, nunca te ha experimentado? Esa es la pregunta principal que debes hacerte al momento de estructurar ¿Qué vas a vender? ¿Cómo lo vas a vender? Además de ¿A quién se lo vas a vender?

Piensa, pregúntate cada vez que pases por un almacén, por una tienda, por una página de internet ¿Por qué tiene clientes? ¿De dónde salen?, son los colores de la decoración, es un sistema sencillo de servicio postventa. Como capturar esa primera venta es el primer paso, hacer que la relación comercial perdure es el éxito o el fracaso de la relación. Según el sector en que te quieras desempeñar, la promesa de amor de tu parte y su posterior cumplimiento es lo que te generara un flujo constante de ventas, de clientes y de potenciales clientes.

Las personas se enamoran de sus cantantes, de sus canciones, de la ropa, de la comida, de sus autores, de sus pintores, se casan con ellos:

– Yo solo lo leo a él, no me interesa probar otra comida que no sea cocinada por ella, la ropa de aquel sitio siempre será mí preferida sobre las demás –.

La clave está en la forma como enamoras a tu cliente y lo comprometes a tu producto, ninguna relación dura si no hay amor de por medio, por lo que entregas y recibes a cambio. El proceso de venta está encargado de cautivar a un público que te desconoce, que no sabe de ti, pero está dispuesto a arriesgarse por el módico precio que ofrezcas con la ilusión de recibir lo que pago por ello.

Mucho cuidado, no ofrezcas a tu enamorada aquellos que no le puedas cumplir, o no la volverás a ver y perderá para siempre la fe en ti.

Capítulo 18

Agrega valor

"La exclusividad, lo novedoso, modelos más sencillos"

Hoy en día se comercia y se vende casi cualquier cosa habida y por haber, desde tratamiento sicológico para gatos hasta "pet rocks" (piedras mascotas). No hay prácticamente nada que no pueda ser vendido y comercializado hoy día, hay personas que pagan por ser escuchadas, por aprender a respirar y meditar, por obtener consejos sobre una situación en particular, por ver a otros pelear con guantes en escenarios bien iluminados. Lo importante es la diferenciación, ¿Qué vas a ofrecer tú que no ofrezca otro sobre cierto producto o servicio? ¿Qué gana el cliente comprándome a mí sobre mi competencia? ¿Qué valor adicional recibirá de ti que no consigue en el mercado o no encuentra en los demás?

Esa percepción de valor, ese sentimiento que recibe el cliente cada vez que hace una compra, que atiende tu llamado, ese sentimiento que despierta el hecho de sentir que está recibiendo justo o más de lo que está pagando, es lo que genera confianza en tu producto. Ese valor no necesariamente debe venir del mercado, puede venir de ti, de demostrarle al cliente que tu estilo de ropa es único e irrepetible, que le dará una identidad nueva sobre los demás, que tus tiempos de entrega son más rápidos realmente, que la calidad de tu comida le da un sabor y frescura incomparable, que tu personalidad y el entretenimiento que ofreces les hará olvidarse de sus problemas y los alejara de la tan mal valorada monotonía.

Puedes escoger cualquier producto existente, agrégale tu firma, una diferenciación clave, una nueva estrategia de entrega, más ágil, más rápida, más atractiva y con la misma eficacia con la que desarrollaste esta nueva característica a un producto existente, con la misma fuerza, diseña tu publicidad, que gire en torno a esta nueva característica única y valioso.

De nada sirve tener el producto o servicio perfecto si mis potenciales clientes no saben o no son capaces de comprender de la forma más rápida y sencilla que es eso tan bueno que yo vendo, que es esa característica mágica que me diferencia de los demás y me hace único y apetecible. Un libro se vende más por lo atractivo de su portada que por su contenido. Una película se ve mejor en una pantalla de cine que en la comodidad de nuestra casa, por esa estamos dispuestos a pagar la entrada al teatro, por esa comodidad extra que no recibimos en el hogar, por esa combinación de sabores que no somos capaces de imitar, por ese estreno que no queremos esperar hasta pasados unos meses para verlo en la televisión.

Es esa sensación de valor agregado, que das a conocer en el mercado, el motor principal de las ventas, de la generación de flujo de caja, de ingresos, los tan amados ingresos, la sangre de tu emprendimiento, el motor de tus ideas, fabricador de sueños. El valor agregado viene en aspectos como la relación precio calidad, la exclusividad, lo novedoso, modelos más sencillos, características modernas, lo intrigante, elementos interesantes y entretenidos, la variedad, la comodidad, un mejor servicio posventa, mayor cantidad, menor tiempo de consecución, sabores más naturales, resultados inmediatos, conocimiento necesario, hay tantos aspectos que le puedes agregar a tu emprendimiento que en la forma que el público lo entienda, lo aprenda, lo capte y ame será el éxito de tu proyecto.

Capítulo 19

La competencia, mi mejor herramienta

"¿Cómo tomar la competencia como punto de partida en el desarrollo de tu propio negocio?"

Cada día que pasa, vez a otras empresas, otras corporaciones, otras personas haciendo las labores que tú crees que deberían ser tus ideas, te inspiran, otras te causan repudio, planeas en tu mente activa, sin descanso, ¿Cómo lo haría yo mejor? ¿Qué están haciendo él para alcanzar eso tan espléndido que mi creatividad no puede dar? La creatividad, el punto de inicio, viene de la competencia, a menos que tengas un poderoso capital financiero que sustente tu empresa, muchas habilidades de estructuración organizacional, conceptos infalibles de administración y finanzas, tu punto de partida, tu idea vendrá de otros, de lo que ya conoces, de lo que los demás han probado que funciona para ellos y concibes que, según tus habilidades, esa dedicación desenfrenada, esa disciplina, ese enfoque en el camino, servirá para ti.

Un emprendimiento jamás empezara de cero, desde sus inicios, siempre tendrá réplicas de otras estructuras de negocio, de sus habilidades para atraer clientes, de descubrir las debilidades de la competencia, las amenazas del sector, las barreras de entrada, ese vacío que existe en el mercado, que llevas meses e incluso años viendo como nadie se encarga de esa necesidad insatisfecha, es tu momento, tu oportunidad, tus ideas de negocio son el abanico de oportunidades que tú mismo te presentas.

Sam Walton no diseño o estructuro el concepto de tienda departamental, ni de expendio de víveres y abarrotes, pero tomo las falencias de otros, las necesidades insatisfechas de los clientes, y creo la cadena de hipermercados más grande del mundo, Wallmart. Obviamente en sus inicios era una pequeña tienda que innovo en la venta de productos a bajo costo, así como muchas de esas tiendas se encuentran hoy día en nuestras ciudades, él reinvertía sus ganancias y sus ahorros en su modelo de negocio para bajar los precios de los productos, conseguir flujo de caja, generación de ingresos que le permitieran expandirse, controlando por supuesto de la forma más eficiente el manejo de los gastos.

Una estrategia que le permitió disminuir gastos en el personal fue innovar en el sistema de ventas autoservicio, consideraba muy costoso que cada cliente tuviera que ser atendido por un empleado para ser despachado, esto aumentaba los costes de operación, limitaba la venta en ciertos periodos del día y ralentizaba la generación de ingresos. Consideraba que era no solo un costo excesivo, sino que los clientes tenían el derecho de poder escoger sus propios productos, comparar características y precios de la variedad ofertada y decidir por sí mismos a que le daban valor, que les servía a ellos, que comprarían a su antojo, sin la presión de un abarrotero frunciendo el ceño porque no se decidían si lo que querían era queso o mantequilla.

Además, viajaba por todo el país, en un principio lo recorría en bus, recorría las diferentes ciudades de Estados Unidos, entraba a todas las tiendas de la competencia, revisaba sus precios, inspeccionaba las marcas que comercializaban, tomaba apuntes del diseño de la tienda, concluía las debilidades de aquellos espacios abarrotados de clientes y establecía estrategias de cambio para su propio modelo de negocio. Poco después lo hacía en su propia avioneta, aeroplano que el mismo pilotaba, por la bendita "suerte" que le dio su entereza, sus habilidades de delegar, su enfoque y reinventarse constantemente, podía darse ese lujo.

Otra de las oportunidades que vio en el mercado era que en esa época, en los poblados más pequeños, las que en ese entonces eran las cadenas de suministros dominantes del mercado, no tenían presencia en ciudades que no fueran capitales o que eran consideradas pequeños pueblos, y cuando se decidía abrir una nueva tienda, volaba por encima de poblados, a baja altura, veía el panorama, no tenía Google Maps o GPS en esa época, ni Wikipedia para determinar la densidad poblacional, así que tenía que valerse de su conocimiento, experiencia, algo de intuición, y de sus propios ojos para considerar abrir otra tienda en aquel lugar olvidado, aterrizaba, conocía el pueblo y enviaba a sus arquitectos y constructores a que se apoderaran de la esquina de su próximo pequeño triunfo.

Muchos emprendedores se vuelven competencia de sus antiguos jefes, no por envidias inútiles o por resentimientos de desdén, de menosprecio a quien por algún tiempo fue su sustento, la mano que les dio de comer. La principal motivación es el conocimiento adquirido, las habilidades desarrolladas, el saber hacer, la experiencia que es mucho más valiosa que cualquier paga, que cualquier beneficio laboral. Al trabajar en una empresa, ves los vacíos organizacionales en el desarrollo de la venta de los productos o servicios, palpas de primera mano los gastos excesivos perfectamente evitables que te permitirían mejorar el precio, no necesariamente vendiendo más barato, sino vendiendo mejor calidad.

Es más fácil y con un mayor grado de éxito enfocarte en desarrollar una actividad que conoces, que incursionar en un mundo comercial del que no tienes ningún entendimiento. ¿Cómo saber si amas lo que estas a punto de empezar? Vuelve al capítulo uno, el libro te narrara una pequeña historia de pasión, más allá de la pasión sexual, la pasión, el gusto, el amor por lo que haces o estas a punto de hacer en tu vida profesional, en tu éxito comercial, en el desarrollo de tu libertad financiera y el gusto por lo que haces.

¿Cómo tomar la competencia como punto de partida en el desarrollo de tu propio negocio? Ve a la competencia, cómprale, entra a sus tiendas, conviértete en su cliente más fiel, compra un producto y toma apunte de todo el proceso de venta, luego intenta devolverlo, estudia la reacción y el proceso para ello, anota incluso tus sentimientos, ¿Cómo te sentiste en el momento donde te rechazaron la reclamación, que te aprobaron la devolución? Comprueba la calidad de su producto estrella, determina, con tu conocimiento y experiencia en él, como podrías mejorarlo, ponlo sobre tu mesa todo el día, obsérvalo, analízalo y búscale la estrategia para sacar el mejor provecho.

Los canales de televisión son expertos en desarrollar sus productos y sus estrategias de programación a base de lo que le está funcionando a la competencia, si los realitys de música generan rating, nos inundan las pantallas de todos los canales con realitys de música, "factor x", "yo me llamo", "tu voz", "a otro nivel" o como los llamen en tu país. Si una película de ficción sobre extraterrestres se convierte en un hit, nacerán cientos e incluso miles de películas que buscan convertirse en hit para capturar al espectador. Un youtuber es reconocido por ganar su primer millón de dólares subiendo videos en la plataforma, ahora todos somos youtubers, niños, ancianos, cocineras, amas de casa, profesionales de cada rincón del planeta.

¿Quién hubiera pensado que Messenger, el dominador del chat en línea, creado por un gigante como Microsoft seria derrotado por Jan Koum, fundador de WhatsApp? Así es, Jan Koum, un ucraniano golpeado por la violencia en su infancia, que a su llegada a Estados Unidos apenas podía pronunciar el inglés, creador de la aplicación más extendida y descargada en la actualidad, que vendió finalmente a Facebook en unos sencillos 19.000 millones de dólares. Después de ese momento se convirtió en un hito, un líder empresarial, guía de emprendedores, inspiración para muchos creadores como él, que en algún momento tuvieron una idea, que no sería brillante si solo hubiera permanecido en su cabeza ante el miedo de entrar en la ya tan competida tienda de aplicaciones de Android.

La competencia, los resultados, o los fracasos de los demás son nuestro generador de ideas, si les está produciendo utilidades:

– ¡Yo lo podría hacer mejor y con mejores resultados! –

Si esa idea fuera un fracaso rotundo:

– ¡Fracaso porque no tuvieron en cuenta esto y aquello, pero donde ellos fracasaron, yo triunfaré! –.

No hay actividad inútil ni estrategia descabellada que podamos tener y no podamos ejecutar. En 1972, Steve Jobs debió abandonar sus estudios por problemas económicos,

– ¿Cómo? ¿Steve Jobs sufrió de problemas económicos, el fundador de Apple, genio de la tecnología, creador de los tan famosos iPhone? –.

Si señores, sufrió al igual que todos sufrimos algún día o sufriremos. Debido a esta difícil situación, él asistía, solo como oyente, a muchas clases de su alma mater mientras tenía pequeños empleos de bajo salario, por algunos días tomo una clase de caligrafía, algo muy básico pero muy trascendental hoy día, que dio paso a distintos tipos de letra en la computación, copiado por la competencia y ahora nos permite leer y escribir en casi cualquier tipo de letra manuscrita creada por el hombre.

Capítulo 20

El equipazo de trabajo

"El perfil del puesto"

No lo intestes todo tu solo. Cuando se piensa en un emprendimiento, en un negocio, hay dos elementos que ocupan tu cabeza día y noche, que no te dejan dormir, que te desvelan intentando descifrar ese secreto para el éxito. El primero es ¿Qué voy a hacer, que voy a vender?, el segundo elemento que te impide empezar a producir para ti, aunque esto es realmente redundante, porque si ves el negocio desde la perspectiva social, una fuente de ingresos a través de una inversión no solo genera bienestar para ti, lo genera para tu familia, para tus futuros empleados, para tus clientes, los cuales no te están comprando por caridad, están utilizando sus valiosos dólares en ti a cambio de lo que ellos consideran es justo por el producto o servicio recibido y necesario.

Ese segundo elemento es el factor dinero que necesitamos para nuestra inversión inicial. Uno de los gastos más tortuosos para un negocio en todos sus inicios y su trasegar será la nómina, el gasto en personal, en empleados, en asesoría. De aquí nacen los autoempleados, personas que por ahorrar un poco de dinero intentan hacerlo todo ellos solos. El concepto en principio no está mal, pero solo en principio. Intentar hacerlo todo uno mismo no está mal del todo, pero tiene varios factores a discutir.

PRIMER FACTOR

Si lo intentas hacer todo tú solo, posiblemente ni siquiera puedas empezar a producir tu primer dólar ¿Por qué? El factor tiempo, tu solo tienes veinticuatro horas al día, por más productivo que puedas llegar a ser, el tiempo es un amigo y enemigo de nuestro gran y maravilloso negocio. Al tener tantas tareas que necesitan de ejecución, tus dos manos no serán suficientes para llevarlas a cabo, por más que te esfuerces. Hay aspectos que sí que puedes desarrollar solo, como lo es la planeación del proyecto de emprendimiento. Desde su consecución hasta la estructuración del plan puedes irlo desarrollando dedicándole cierta cantidad de horas al día en ello. Inicialmente, parte de la clave del éxito está en descifrar tus necesidades de personal. En el mundo de los negocios de hoy, hay personas o asesorías que no puedes pasar de largo y es necesario que las incluyas en tu presupuesto de operación inicial.

Uno será tu administrador de redes sociales, puede ser una persona directamente contratada o una empresa administradora que encontraras en cantidades ofreciendo sus servicios en línea. Hoy día las redes sociales son un potenciador de marcas, de nombres, de productos, pero tu inexperiencia y las fallas en una correcta administración de redes sociales pueden costarte una parte importante de tu presupuesto sin agregar valor a tu producto.

SEGUNDO FACTOR

Otro factor indispensable al momento de contratar tu personal es el perfil del puesto. Enfoquémonos en que vas a iniciar un emprendimiento de venta de libros en línea, vas a comprar publicaciones de autores en línea, tipo Amazon Kindle, y los publicaras en tu sitio web, la utilidad será la comisión por la venta de cada ejemplar, tu preocupación será conseguir autores que estén dispuestos a entregarte su preciado conocimiento y generar tráfico a tu página que permita concretar ventas. En este proceso, por lo menos, incluyéndote a ti, deberían ser dos empleados trabajando en la empresa, cada uno con una lista de tareas y obligaciones específicas, tareas determinadas. Por ejemplo, tú te puedes encargar del diseño y administración de la página web, del manejo de los ingresos, de la charla con potenciales autores profesionales o amateurs y de las posibilidades de nuevas ideas, nuevos conceptos, formas de ampliar tu capacidad de operación.

La segunda persona que tendrás contratada tendrá las funciones de generar tráfico a tu página a través de la implementación de estrategias de captura de tráfico por redes sociales, revisar likes, administrar comentarios, retroalimentar opinión del público, confrontar tendencias, incursionar en la competencia y analizar flujo constante de tráfico, posibles errores en la ejecución y recalcular la estrategia. Para ello necesitas determinar un perfil específico de empleado que requieres para tu operación, entre más eficiente puedas llegar a ser en la contratación de personal, más eficiente será esa persona. Determinas un perfil, por ejemplo, edad, experiencia previa demostrable en redes sociales, páginas web creadas y tráfico de público, revisión de redes de este nuevo y potencial empleado.

A medida que tu flujo de caja te lo permita, y el aumento de los ingresos vaya en aumento, debes considerarte la necesidad de ir aumentando tu personal, de contratar cada día más personas a las que puedas delegar funciones redundantes de tu día a día que te permitan tener libertad de movimiento, te permita estudiar, educarte en nuevas tendencias, estrategias, en análisis del comportamiento del mercado, en planear y controlar tu negocio.

Un apunte muy importante a la hora de contratar y manejar personal, además de tu capacidad de motivación, de tu capacidad de seleccionar al empleado "perfecto", está también en tu capacidad de despedir personal, de prescindir de ellos. Aunque parezca cruel y un poco desnaturalizado hablar del despido, una herramienta tan útil como una calculadora es destructiva si no funciona de manera correcta, si tiene fallas de batería o error en su panel de operación, si sigues trabajando con ella puede convertirse en un problema a largo plazo, donde en una mala operación aritmética te haría perder cantidades importantes de dinero.

Si no sirve, que no estorbe, ten presente que ante todo, tu proyecto se basa en la generación de un flujo constante de ingresos, no eres una fundación. No dejes de lado el compromiso humano con tu personal, en crear afinidad, en establecer lazos profesionales de cooperatividad, pero si esta persona no encaja en tu perfil, no posee una actitud cordial, una habilidad eficiente, es el primero en irse y el último en llegar, su falta de compromiso resalta cada momento del día, es momento de prescindir de él, no atornilles a nadie a un puesto por el simple hecho del miedo. El miedo empresarial al despido es tan grande, que existen empresas en el mundo que son contratadas cada día para despedir personal, ya que los jefes, aunque tienen presente la necesidad de renovación del equipo de trabajo, no tienes las actitudes necesarias para terminar la relación laboral con sus subalternos.

No te des el lujo de tener un empleado imprescindible, si el panadero se va, si el chef se determina a abandonarme, si mi asesor contable, un experto en finanzas me deja tirado, ¿Qué será de mí? ¿Cómo sobreviviré sin él? Contrata buenos empleados, capacítalos, dale la oportunidad de demostrar sus habilidades, premia a los mejores, consérvalos, y los no tan buenos, es mejor prescindir de ellos. Inclusive, he tenido empleados tan eficientes y tan capaces que se volvieron indispensables para mí, y en el momento que lo percibieron se desmotivaron, sintieron que no era necesario esforzarse tanto, que eran tan valiosos que la sola idea de ser despedidos había abandonado sus futuros profesionales y habían perdido el rumbo con el cual habían trabajado día tras día.

En mi profesión de jefe he tenido que contratar y despedir gran variedad de personas, algunas mostraban su descontento y tornaban el ambiente algo tenso, otros tantos destellaban de incertidumbre, no lo vieron venir, algunos otros entendían, sabían que esto iba a pasar y para algunos casos particulares, el día que termine sus contratos fue el día más feliz desde que empezaron a trabajar conmigo.

Una sonrisa se les dibujaba en el rostro y no podían ocultarlo ¿Por qué? Porque más allá de la necesidad económica, de estabilidad laboral, no querían trabajar hay, no les gustaba el puesto asignado o el sistema de trabajo, casi siempre eran los trabajadores recomendados por otros compañeros o amigos que tuvieron la suerte de ser contratados, pero no hacia parte de su plan de vida y no se atrevían a renunciar por miedo al escrutinio social, que pensara la familia de alguien que no tiene una fuente segura de ingresos y renuncia a un trabajo estable por el simple hecho que no le gusta, están encerrados en cárceles laborales, lo veo yo, son aves que necesitan extender sus alas y no ser objeto de exhibición.

Siempre les he brindado lo mejor a los que algunas vez han trabajado conmigo, en la oficina siempre he sido el más severo y estricto en las tareas, fuera de ella he sido un amigo, un consejero, un tutor. Los mejores trabajadores siempre han estrechado mi mano, me han dado las gracias por la experiencia y el aprendizaje y han salido a cumplir sus sueños, a montar sus propios emprendimientos, a conseguir trabajos con mejor remuneración de la que yo les podía ofrecer o inclusive, algunos han renunciado para viajar por el mundo. Entre mejor y más capacitados han sido en su trabajo, mejor les ha ido en su nueva faceta y más productiva ha sido la vida de él o ella fuera de mi empresa.

PRIMER AÑO: TU EQUIPO DE TRABAJO

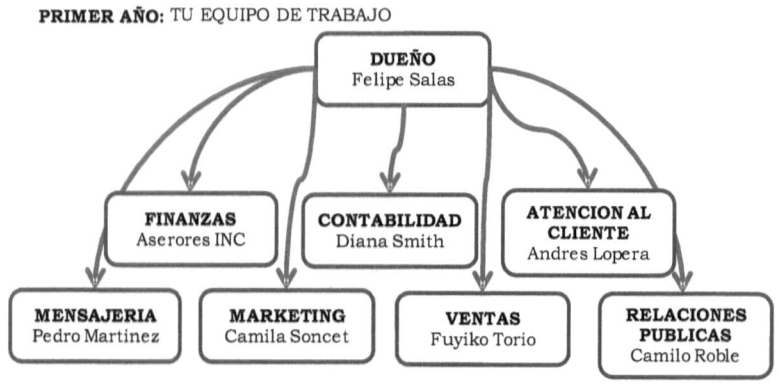

Capítulo 21

La motivación de tu equipo, otro apunte hacia el éxito

"El nivel de compenetración con la organización, el compromiso con la tarea asignada"

¿Cuál es el perro de tus empleados? No hablo de sus mascota, imagina que vas por la calle y te encuentras en el camino a un perro, de considerable tamaño, con espuma en la boca, ladrándote y corriendo hacia ti, Usain Bolt quedaría con las piernas cortas al lado tuyo, correrías como el viento, saltarías cualquier obstáculo y no detendrías tu paso ante nada, ese es el principio de la contratación y la motivación. Descifra el perro de tus trabajadores, ¿Qué los hace levantarse temprano cada día a trabajar? Su motivación, ¿Qué domina sus mentes de tal forma que no dan paso al ocio o la holgazanería en el trabajo y ponen todo su esmero, sin distracciones, enfocados en la tarea de huir de su perro?, el perro puede ser su hijos, alguna necesidad económica, alguna necesidad de superación personal o un pensamiento de

"Seré el mejor y se lo demostraré al mundo". Ese perro, ese sentimiento de entrega hacia ti y tu negocio son los lazos que debes afianzar, si quieres tener empleados entregados y motivados en su labor, un engranaje aceitado siempre trabajara bien, otro no tanto, se estropeara, se quemara muy rápido y destruirá toda la operación.

Un grupo de periodistas hacían un trabajo de campo en la NASA, siempre es interesante saber que está haciendo la NASA, saber de sus planes, sus proyectos en ejecución, el panorama que nos tiene preparados a todos nosotros. Estaban a punto de enviar un cohete a la estación espacial internacional con un grupo de astronautas, de suministros. Uno de los periodistas, de esos que buscan noticias de interés, ve a un señor en un pasillo, muy concentrado en su tarea, barre el piso de un amplio pasillo con mucho cuidado y esmero.

– Buenos días señor, me llamo Robert de la cadena de noticias KVFL, me colabora con una nota periodística ¿Qué hace en su día a día? ¿Cuál es su función principal aquí en la NASA? –.

El señor muy motivado le responde – Me preparo para lanzar un cohete al espacio –.

El nivel de compenetración con la organización, el compromiso con la tarea asignada. Aunque aquel hombre no estuviera presionando botones, ni fuera ingeniero aeroespacial, ni mucho menos el astronauta que viajaría a los confines del espacio, sabía que su labor era tan indispensable como cualquier otra, que no estaba simplemente barriendo, estaba siendo parte de un plan mayor y él estaba aportando de la manera más eficiente con su trabajar todo el apoyo que la organización necesitaba para llevar a cabo tan laborioso proyecto, era reconocido por su aporte y valorado como cualquier otro miembro de la NASA.

Mantener al equipo de trabajo motivado, en función de un objetivo, encaminado en cumplir tus sueños, tus anhelos, en compartir tu expectativa de vida, es una tarea igual de difícil y retadora equiparable a fidelizar una clientela exigente y reacia. Cada miembro de tu equipo de trabajo tiene una tarea, una misión que cumplir, además de ser capacitado en su labor, debe entender el porqué de la misma, debes ser capaz de transmitirle por qué su capacidad diaria de operar las maquinas, los computadores, los implementos de aseo que mantienen impecable el lugar son los motores que impulsan las ventas, que mantienen un espacio agradable para los compañeros y los clientes.

Debes ser capaz, como líder, de transmitir ese sentimiento de pasión desbordante que tú sientes o sentirás cada día por tu negocio, por tus tareas diaria. Tú ya comprendes la importancia de avanzar, de progresar, debes ahora proveer ese sentimiento de lucha constante, de victoria, de perder el miedo al fracaso a tu personal, a tu equipo de trabajo, a tus socios en tan ardua tarea.

Existe gran cantidad de métodos y estrategias para mantener motivado un equipo de trabajo:

- Comparte los triunfos con tu equipo de trabajo, hazles saber que sin ellos el crecimiento de la empresa no sería posible, y que te acompañaran y se sentaran a tu diestra en la gloria, un poco bíblica pero real.
- No te fijes en el dinero como motivador laboral, es más un aliciente simplemente, pero al igual que para ti, el dinero solo es el medio para un fin, no se puede motivar al cerebro con promesas de riqueza, este motivador es pasajero, una vez que reciben sus bonificaciones económicas, suceden dos efectos, primero, nunca será suficiente y segundo, siempre querrán más.
- Los errores se corrigen en privado y los logros se felicitan en público.
- Interésate por conocer a tu personal, saber quiénes son, que los motiva a trabajar cada día, refuerza esos sentimientos.
- Ofrece incentivos que la competencia no ofrezca, becas de estudio para los hijos o ellos mismos, vacaciones pagadas al

mejor empleado del año con su pareja e hijos, una comida en algún bonito restaurante al empleado del mes, la realización de mejores condiciones laborales, cafetería gratis para todos si cumplen los objetivos, planes de telefonía celular gratis, incentivos para vestimenta, para lentes, mejor plan dental, más días de vacaciones al año, tiempo para disfrutar de las festividades familiares, día libre el día de su cumpleaños, descuentos promocionales con gimnasios o mejores tarifas en compra de boletería para conciertos y eventos, que sientan que si no corresponden oportunamente a su trabajo no solo perderán su salario sino que perderán parte de su estilo de vida, al que tu malévolamente los has acostumbrado.

Un equipo motivado, como en el futbol, es un equipo exitoso, los más motivados, compenetrados y eficientes son los que ganan el campeonato, se llevan el trofeo a casa, disfrutan de la gloria y se preparan para el próximo reto. Mantén tu equipo bien aceitado y enfilado con los objetivos, retroaliméntate de ellos, solo ellos conocen que estás haciendo mal, son los que tienen comunicación permanente con el cliente, los que mientras tú ves el panorama desde afuera, ellos lo desentrañan por dentro, conocen de problemas de software, errores en la cadena de distribución, malos diseños de estrategias publicitarias, proveedores incompetentes o de baja calidad, si no los escuchas, no los motivas correctamente, mucho ojo, te aseguro que a futuro, serán tu competencia y el estanque tendrá más tiburones que peces.

Capítulo 22

Controlar

"Controla tu negocio y controlaras tu vida"

Las estrategias, la organización, el empeño y sacrificio por tener el emprendimiento perfecto no será perdurable en el tiempo si no dedicas tiempo a una valiosa actividad, controlar lo que se está haciendo. Debes controlar los ingresos y gastos, que las órdenes se estén llevando a cabalidad, que la calidad del producto sea la deseada, que el personal esté trabajando, que el aseo sea impecable. Por eso un chef no cocina sus menús ni los alimentos que se sirven en sus restaurantes, no tiene tiempo para esas labores, él está al final de la cadena de producción, justo entre la entrega del producto al cliente y el cliente, revisando la comida, que no esté en una mala temperatura, que no esté cruda, que sea servida según sus especificaciones estrictas. Si no realiza el chef esta labor contrata a alguien que la realice por él, porque al igual que en todas las tareas del negocio, si está bien planificada, se puede delegar.

Todos los aspectos del negocio, la planificación, la organización, y el control son el plan maestro de un todo, no te podría decir cuál es más importante porque sin la aplicación de una de estas, las otras dos, por más perfectas que estén diseñadas, serian como una mesa sin una pata, como elegir al hijo favorito, puede que lo tenga, puede que uno de estos procesos se te dé más fácil que los otros, pero no por eso vas a descuidar el diseño y ejecución de alguno de ellos.

Existen muchos comerciantes que olvidan o no toman en cuenta la importancia de controlar su negocio, de retroalimentarse de los buenos y malos comentarios de los clientes, los buenos nos sirve como refuerzo para entender porque nos compran y los malos, aún más poderosos, nos hace comprender que estamos haciendo mal, finalmente, el consumidor de nuestro producto será nuestro juez y quien dictara sentencia: *"le compro a este o voy a la vuelta de la esquina"*. El hecho de tener un administrador en tu negocio o en tu cadena de negocios no significa que te puedes echar a dormir y despertar dentro de tres meses arruinado y con tu pequeño tesoro vuelto cenizas.

¿CÓMO CONTROLAMOS?

Para eso hicimos un planificación de empresa, un manual de operaciones, debes revisar punto por punto que cada ítem de este plan se esté llevando a cabo, tanto las viejas prácticas como los nuevas, que poco a poco hemos ido agregando. Que el personal esté en el orden correcto ejecutando las tareas en los tiempos establecidos, que los tamaños del producto sean los adecuados al igual que la presentación y que la atención al cliente sean lo más ágil y entregada posible.

Los grandes almacenes de cadena, tiendas de ropa, fabricantes y jefes de sucursales son expertos en esta labor. Por lo menos una vez a la semana están haciendo una revisión exhaustiva de su negocio, de cada punto de venta, como leíste antes, si tu como jefe no puede hacer esa tarea, la delegas y controlas al delegado, e inclusive, puedes contratar una empresa de auditoria regularmente para que te describa como va tu emprendimiento, que procesos no se están llevando a cabalidad según la orden impartida y te permitirá divisar los puntos de quiebre del servicio.

He conocido pequeños emprendedores que tenían la loca idea que para expandir sus negocios bastaba con colocar más puntos de venta para vender más, abandonarlos a la suerte de un administrador sacado del sombrero, esperando que las utilidades llegaran solas sin levantar un dedo. El resultado, después de haber escalado a la etapa de empresario, ahora han vuelto a ser autoempleados de su propio negocio, con el trauma empresarial de si abandonan nuevamente su tienda, terminaran en la ruina, les robaran su inventario y los clientes no serán atendidos con el mismo cariño y afecto con el que se atiende a un hijo.

Miremos la similitud con el amor en una relación de pareja, si la comunicación no existe, si no practicamos la retroalimentación, si no preguntamos ¿Qué tienes? ¿Por qué te estás comportando así? La relación con el tiempo morirá, y volverás a empezar en el inicio, solo, con el corazón destrozado y sacando fuerzas de debajo de las piedras para volver a empezar. Hay tareas de control que se deben ejecutar más seguido que otras, según su grado de importancia, a continuación te propongo un ejemplo de los elementos de la organización a los que debes estar al tanto y controlando, además de, mínimo, cada cuanto deberías hacerlo:

Item	Detalle	Cada cuanto, minimo
Finanzas	Entradas y salidas de dinero, utilidades, ventas por producto	Semanal
Clientes	Comentarios positivos y negativos	Semanal
Publicidad	Su impacto en el volumen de ventas y su costo invertido	Semanal
Aseo	El orden y la limpieza del espacio de trabajo y de atención al publico	Quince dias
Personal	Motivación, rendimiento, productividad, capacitación	Mensual
Producto	Calidad, peso, forma de entrega, diseño, precio	Mensual
Contabilidad	Informes contables regulares o exigidos por el gobierno	Mensual
Nuevo	Pensar en nuevas tareas, nuevas formas y mejoramiento del producto	Todos los días

Este último punto de la tabla no es una tarea de control en sí, es controlarte a ti mismo, es cada día pensar en lo nuevo, la tendencia, que estoy haciendo yo con respecto a la competencia, es la competencia la que está marcando el paso o soy yo. Pero como puedes intuir, podrías perfectamente trabajar un día a la semana, con la planeación adecuada y el equipo de trabajo bien aceitado; no sería la primera semana, inclusive muy posiblemente no lo puedas conseguir el primer año, pero finalmente y si haces tú tarea bien planificada, lo podrás lograr. Eso sí, ese día de la semana, a darle con toda, informes, apuntes, revisar, buscar el polvo en las esquinas, probar tu producto como si fueras el cliente, ser determinante en el examen completo que harás a tu emprendimiento o tu grupo de emprendimientos.

Reúnete con tu equipo de trabajo, conoce de falencias, errores, de buenos y malos hábitos que se van desarrollando con el pasar de los días, busca soluciones a los problemas, delega aún más, aplica correctivos y en la próxima, aplica todo ese control al resultado de esos correctivos.

Capítulo 23

Siempre vendes un servicio

"El servicio es parte indispensable del precio"

Vendes una camiseta estampada, vendes un servicio, estas de lleno en las ventas en línea, vendes un servicio, eres Youtuber, vendes un servicio. Todo lo que hacemos para generar ingresos partirá de la idea que estamos vendiendo un servicio, así estemos vendiendo físicamente un producto, bien envuelto, bien acomodado, en las manos del cliente.

Una de las primeras enseñanzas empresariales de mi vida la recibí a la corta edad de doce años, no fue en la universidad obviamente, vino de mi profesor de actividad física. Él era un señor de gran talante, muy atlético, estaba en muy buena forma, amante del deporte y por su carisma era amado por todos nosotros, y eso que a sus setenta años de edad en esa época, era más ágil y fuerte que cualquiera de nosotros, niños recién saliendo del cascaron.

En los momentos de descanso, entre ejercicio y ejercicio, acostumbraba a contarnos historias de su vida, así como le gusta a cierto grupo de personas al llegar a cierta edad. Había ido a la capital tiempo atrás, documentos y burocracia que requerían su presencia lo hicieron viajar, él no contaba con un traje de oficina presentable, toda la vida se la había ganado haciendo deporte, era su pasión, mientras otros se encerraban en cubículos y libros de matemáticas, él se dedicó a correr y hacer a otros correr, era su deporte favorito, el atletismo.

Antes de asistir a diversas reuniones y lugares a los que tenía programado ir, se dirigió a un centro comercial a comprar su traje de oficina. Entro a un almacén de aquellos diseñados para ejecutivos, pregunto por la talla y el color, un señor muy elegante, muy atento y con toda la serenidad le presento un muy buen traje, corbata, zapatos, camisa, cómodo, relativamente económico, trescientos cincuenta dólares, la manga derecha le quedaba algo holgada, se la arreglaron. Mi profesor finalmente determino que era mucho dinero por aquel bello saco, solo lo usaría un día y no era necesario ir de tanta etiqueta, así que rechazo la idea de comprarlo, pidió disculpas al encargado por hacerle perder su tiempo, este lo excuso de la manera más amable y le dijo que perdiera cuidado, que era su labor y su oficio.

Mi profesor, sin más, se dirigió a su hotel, a buscar alguna camisa, de la más elegante que trajo consigo, algo acorde a la ocasión. Una par de calles más abajo vio un mercadillo de ropa, de esos que atienden en la calle, le intereso y se adentró en aquel lugar. Mirando aquí y allá ¡Oh sorpresa! Se encontró el mismo traje que había visto en aquel hermoso almacén en ese imponente centro comercial, era el mismo traje que se había medido, mismo color, misma talla.

Le pidió al muchacho que atendía en aquel lugar que se lo dejara probar, este sin penas ni prisas salto encima de las vitrinas, subió por una escalera y se lo alcanzo. Mi profesor igualmente se lo midió con la particularidad que en este saco la manga derecha también le quedaba holgada. El muchacho que allí atendía no dudo en acomodársela con un par de agujas de costura para que viera lo imponente que se veía con aquella vestimenta.

El precio, cien dólares; mi profesor pidió que se lo empacaran, se lo guardaran unos minutos mientras él retiraba dinero de un cajero electrónico cercano para pagarlo, en aquel mercadillo no contaban con forma de pago a través de tarjeta de crédito o débito, ni mucho menos red de comunicación, a duras penas usaban unas luces amarillas para ese lúgubre lugar.

Mi profesor tenía el dinero en el bolsillo, no necesitaba sacarlo de ningún cajero electrónico, necesitaba hacer una diligencia antes de pagar ese traje que unas calles más arriba triplicaba su precio, necesitaba saciar su curiosidad aunque el tiempo lo apremiara. Volvió al almacén que antes había visitado.

— Buenos días señor — respondió el encargado — se decidió finalmente y viene a comprarme el traje.

— No señor, por eso vine — respondió mi profesor.

— No comprendo — dice el que allí atiende con mucha educación y duda en su mirada.

— Es que me sucedió algo curioso calles más abajo, en aquel mercadillo que se encuentra no muy lejos de aquí. Sucede que por azar encontré un traje allí, muy parecido al que usted me ofreció aquí hace unos minutos, color, talla, hasta el detalle en la manga eran idénticos, no entiendo porque aquel traje cuesta cien dólares y el que usted me ofreció aquí tiene por valor trescientos cincuenta.

— Entiendo — dice aquel joven — sucede lo siguiente, allá donde usted dice venden el mismo traje, de imitación claro está, pero en aquel lugar solo venden el traje, nada más, no venden el servicio que vendemos aquí.

— Ahora soy yo el que no comprende — replico mi profesor.

— Es muy simple realmente, en aquel lugar efectivamente le venden el traje, pero aquí le vendemos además del traje, el bonito diseño del almacén para su agrado, el aire acondicionado que está disfrutando, el vaso de agua que le ofrecí cuando empecé a atenderlo, estacionamiento, vigilancia privada, seguridad en la calidad de la tela y confección, garantía, hasta yo mismo estoy incluido en el precio de la factura con mi galantería, mis buenas palabras y mi buena educación son una fracción del precio que pagan los clientes. Abajo no le pueden asegurar, como yo, que esa tela pierda su color en la primera lavada o que el traje mantenga su forma por mucho tiempo.

– Entiendo – una sonrisa en el rostro, un apretón de manos, mi profesor se despide y sale corriendo, presuroso hacia aquel mercadillo a terminar la transacción, sin perder más tiempo y cumplir con sus compromisos, él sabe que no va a usar el traje más de un día en lo que le resta de vida, así que no hay enredo, posiblemente la segunda vez que lo utilice sea el día de su sepelio.

Este es el significado del servicio que se está vendiendo, en el caso anterior, mi profesor no estaba interesado en comprar el servicio, pero como apunte en el capítulo 3, mi profesor era un cliente potencial que necesitaba cubrir una necesidad básica, no era un cliente objetivo, definido para aquella tienda como hombres ejecutivos, que vivieran en la fría capital y su labor diaria los determinara a comprar la mejor prenda a un precio relativamente cómodo para ese mercado, clientes de buen gusto, de cierta edad, mayores de treinta años, ejecutivos junior los llaman en algunos círculos.

Otro día, en esos de juventud y de fiesta, un amigo mío estaba molesto, no comprendía porque teníamos que pagar la entrada de una discoteca solo para que nos colocaran música, si igualmente íbamos a consumir dentro de aquel lugar. El no comprendía lo que yo si entendía, que el precio no pagaba el salario del DJ que ponía a todos a bailar, pagaba la exclusividad del sitio, el hecho de que no cualquiera se pasearía por aquel lugar, un pequeño sentimiento de estatus, así como el club de los millonarios, hombres de poder, que pagan altas cifras de dinero para pertenecer a ellos, clubes que además exigen cierta categoría de clientes, que están pagando por frecuentarse entre ellos mismo, gerentes, magnates, dueños del mundo.

El servicio es parte indispensable del precio, lo difícil no es atribuirle un precio al servicio que acompaña al producto, los agregados, el tiempo de garantía, la calidad de la materia prima, la frescura de los detalles, los tiempos de entrega, la atención exclusiva y personalizada, el servicio postventa. El problema radica en hacerle entender a nuestro cliente que realmente está comprando un servicio, no un producto, y este dispuesto a pagar por ello, pero esto lo veremos en el próximo capítulo.

Capítulo 24

Todo entra por los ojos

"Si los clientes no saben que vendes o no entienden que ofrece tu negocio, tu fracaso está asegurado"

Todo, absolutamente todo, antes de concretar la venta, antes de siquiera generar la intención de compra, es percibido por la vista, que envía a los receptores del cerebro ideas, expectativas, sentimientos de alegría, de intriga. A menos que tus productos estén diseñados a un público de poca visión o con problemas en el funcionamiento de sus ojos, entre más atractivo muestres tu producto, con más valor será percibido y mejores serán tus resultados. El problema no es vender a cierto precio o bajo ciertos estándares, el problema es, así como una mujer que se esmera por vestirse bien, maquillarse, empoderarse de sí misma para lucir radiante, así debería lucir tu producto, robarse las miradas de todos. Si los clientes no saben que vendes o no entienden que ofrece tu negocio, tu fracaso está asegurado. He pasado por tiendas, que ya han cerrado, de los cuales no te enterabas si no pasabas por el enfrente de estos algún día. Ofrecía servicios de atención médica domiciliaria para curación de accidentes domésticos, una idea a mi parecer magnifica, su error, la publicidad. No invertían un dólar en publicidad, no gritaban al mundo sus servicios, se mantenían ocultos a la vista de todos esperando que su idea fuera tan buena que el solo hecho de existir, con que una persona se enterara de ellos, el voz a voz rompería todas las barreras de la apatía por lo nuevo y se comerían al mundo, bueno la realidad es que cerraron antes de cumplir su segundo año.

El voz a voz es un gran sistema de publicidad para el comercio pero es un arma de doble filo. Cuando un cliente tiene una buena experiencia de compra y queda satisfecho con el servicio, lo contara a dos amigos o conocidos, pero si la experiencia ha sido negativa se lo contara por lo menos a cinco personas, comprobado por estudios de mercado. A fin de cuentas esa voz en sus cabezas que impulsa a los clientes a comprarte, ese correr de rumores e intenciones debe venir de ti, de tu propuesta de valor, de tu estrategia de publicidad, de tu capacidad de enseñar al cliente de la forma más directa y sin rodeos lo que ofreces y porque eres tan valioso. No te empecines en estrategias de publicidad basada en creerte el que vende la mejor calidad, el que ofrece lo que usted necesita, si los clientes no te compran la primera vez, nunca sabrán que eres lo que necesitaban y tanto habían esperado. Si no los enamoras con la mirada la primera vez, tus ventas no tomaran el camino esperado.

No vendas un producto, vende una experiencia. Por eso muchos almacenes de ropa o restaurantes se esmeran tanto en el diseño del lugar, en el diseño de sus prendas, los autores en la portada de su libro, porque por más buena que sea la comida, más cómoda que sea la ropa, o más interesante sea tu libro, si a la vista no es agradable no hay muchos alientos de éxito – si así se ve por fuera, como será de feo por dentro, si sabe cómo se ve, no gracias, prefiero seguir viviendo –. Aun así, la vista no es suficiente, es el imán, a través de los ojos y oídos tus clientes estos serán llevados a la expectativa, y si tu equipo de trabajo y tus servicios no están a su altura, no hay nada que un lindo empaque pueda corregir.

Es en este punto y ya conociendo el mercado en el que te desenvuelves, será desarrollada tu estrategia de publicidad. ¿Te has percatado que marcas con Audi, Ferrari, Lamborghini no cuelga publicidad en YouTube o no pasan comerciales con sus lindos vehículos en televisión?

Esto sucede porque el público que a ellos les interesa no gastan tiempo en el internet, su momento de ocio no lo disfrutan viendo televisión, son marcas que primero que todo, y con los años, se han enfocado en vender artículos de muy alta calidad y estar presente en la mente de todos. Una persona va por la calle y ve un Ferrari, en sí mismo el vehículo es como un aviso publicitario andante, imponente, con un motor que ruge más fuerte que cualquier león, su diseño es más sensual que el de un cuerpo escultural. No desperdician recursos en estrategias de publicidad dirigidas al vacío, se enfocan en capturar el público objetivo, personas con los recursos suficientes para darse cierto lujo en la vida. El público en general ya los conoce, eso no significa que sean potenciales compradores, solo son el motor que elevara en un pedestal al que si lo es.

Es por esto que debes definir correctamente tu publicidad, debe ser concreta, directa, visible y siempre enfocada a los que tú quieras que sean tus clientes, cualquiera te puede comprar pero convertirse en la categoría de cliente, que repetirá contigo, es otra historia. Publicítate en redes sociales, en internet, según tu público en radio y si puedes, más adelante, en televisión, pero ojo aquí, debes controlar el efecto que genera tu publicidad, si no es un factor positivo en generación de ventas, eso significa que o está mal diseñada tu estrategia de publicidad y no eres claro y atractivo, o estás presentándola al público equivocado.

Si vendes ropa, regala revistas con tus productos en las peluquerías de tu ciudad, si es maquillaje, maquilla en pequeños eventos en vivo en centros comerciales, o en tiendas donde vendan tu marca maquillando mujeres o enseñando a hacerlo, si escribes libros, regala algunos tomos a familiares, amigos, círculos de lectura, si vendes comida, ofrece degustaciones gratis a las personas antes de la hora en la que regularmente comen, momento donde el cerebro está más receptivo y la nariz más sensible; tienes un gimnasio, contrata una o dos mujeres hermosas, ubícalas junto a la venta que da a la calle, serán un modelo a seguir para otras mujeres y un imán para los hombres.

Si vendes en línea, has publicidad en Facebook, clasificado por el rango de edad de clientes a los que esperas venderles, determinando hasta que zonas geográficas te puedes dar el lujo de vender. Si eres Youtuber y no eres conocido aún, la portada de tu video, el título del mismo y los primeros cinco segundos, serán la única oportunidad que te dará el cliente de ser enamorado. Te abra pasado que, como yo, he visto cantidad de videos que solo he abierto por su gancho, su llamativo título y resultan ser fiascos, contenido vacío sin utilidad para mí, pero con una gran habilidad para atraer mi atención desde el primer contacto con los ojos.

VENDELE A LAS PERSONAS A TRAVÉS DE LOS OJOS

Primero que todo ataca el sentido de la visión, de ahí se acompañan otros sentidos como el oído, el sabor y olor y, finalmente, el tacto. Quieres ser coach profesional en ventas, preséntate en las mejores empresas, vestido lo más impecable posible, no elegante, impecable, con un peinado profesional, no te presentes como Jaime Lopera, vendedor profesional, no, presentante como Jaime Lopera, coach internacional y director de operaciones comerciales de múltiples empresas multinivel, puedes darte el lujo de mentir un poco, no demasiado, o tus primeros incautos clientes, serán tus últimos. No queremos robar al cliente, queremos enamorarlo, por eso la primera impresión será muy seguramente, nuestra única oportunidad, en las ventas como en los negocios, debes pensar al momento de diseñar tu publicidad, debe ser amor a primera vista.

Si no sabes mucho de publicidad o no sabes por dónde empezar, no te compliques, mira el diseño web de Amazon, de Google, observa sus publicaciones en revistas, en internet, mira la decoración de la tienda de deportes de la esquina, de cómo visten aquellos que están en los zapatos que tú quieres estar y mereces estar. En publicidad, tu competencia va marcando el compás, tú debes seguir el ritmo, moldéalo a tu producto y demuéstrale al mercado que viniste para quedarte.

Y siempre ten presente, el gasto en publicidad no es un gasto, es una inversión tan valiosa como los equipos que compraste o la calidad de tu materia prima, si no es fresca y a la vanguardia, no generara el impacto deseado. Piensa en que te atrae o te atraía a ti y te evocaba a comprar cierto artículo, que sentimiento te sedujo a iniciar este nuevo negocio, que seduce a los demás y replícalo lo más directo posible, a la vista de tus potenciales clientes.

Cualquier idea, por más ridícula que parezca, por más incorrecta que pueda ser, se puede vender si se publicita de la forma correcta. No deseches una idea por lo absurda que ahora parezca, puede convertirse en una anécdota para futuras generaciones y futuros empresarios y punto de partida e inspiración. Si no me crees, pregúntale a Gary Dahl, un estadounidense que se volvió millonario en solo seis meses vendiendo mascotas, pero no cualquier mascota, la mascota ideal llamada la "Pet Rock" (o piedra mascota en inglés).

Así, compro unos sacos de piedras en un local de materiales para la construcción, cada piedra le costó un centavo, situaba la piedra en una pequeña caja de cartón que llenaba con paja y en la que entregaba un manual de instrucciones para el cuidado de la mascota, como enseñarle ordenes como sentado, de muertito o atacar, donde informaba al nuevo dueño que tuviera cuidado al momento de llevarla al mar porque era mala nadadora. La idea fue fugaz pero contundente, vendió un millón y medio de estas mascotas en solo seis meses, convirtiéndose en un hombre millonario, intento replicar su éxito con tubos de arena y otros artículos similares, pero no tuvo el éxito esperado y dedico el resto de su vida a disfrutar de sus ganancias y enseñar su "golpe de suerte" en el mundo de la publicidad. Su estrategia era sencilla, vendía un chiste, he ahí el éxito de su idea, era a fin de cuentas una broma de buen gusto, pero no la pudo replicar ¿Por qué? Porque un chiste contado dos veces no tiene la misma gracia, es por esto la importancia de aprender de las victorias, de mantenerlo simple y siempre diversificar.

Capítulo 25

La ley del desastre

"Enamórate del fracaso"

¿Te ha pasado que planeas algo hasta el mínimo detalle y no pudiste estar más equivocado? ¿Las cosas no salieron como las tenías calculadas? ¿Tus intenciones y planes de hacer ejercicio este año no se llevaron a cabo? ¿Tu pareja termino su relación contigo? El acelerador de hadrones no pudo acelerar, en sus primeros años, átomos a la velocidad de la luz, dejando perplejos a los científicos. Las cosas no resultan como uno inicialmente las planeo, bienvenido a la ley del fracaso.

Esta determina que no importa lo probable que sea una situación, siempre habrá un margen para el desastre, una posibilidad que no se den los resultados esperados, ¿Tendremos nosotros la marca del diablo que nos tocó vivir únicamente a nosotros esa situación? No puedes estar más equivocado, el desastre en tu vida, tu relación o tus negocios no está determinado por tu "mala suerte", está determinada por la ley de la probabilidad y nuestra condición humana, somos sistemas complejos que no funcionamos o reaccionamos igual en cada situación que se nos presente.

La verdadera gloria está en cómo enfrentaras el fracaso, que actitud tomaras cada vez que se presente, que como todo el vida, siempre será recurrente y constante, en menor o mayor escala. Warren Buffet ha ganado miles de millones de dólares invirtiendo en bolsa, y ha perdido miles de millones de dólares invirtiendo en bolsa. En su capacidad de reacción a estos malos resultados, su pasión y motivación inconmensurable, su sencillez a la hora de tomar decisiones que lo siguen manteniendo por muchos años entre el privilegiado listado de los diez hombres más ricos del mundo.

La teoría del vaso medio lleno o medio vacío. Cada vez que fracases en una relación así como en los negocios, no pienses en lo que perdiste, determina cuanto tiempo, esfuerzo y dinero te costó crecer a nivel personal, a nivel profesional porque no hay mejor maestro que el fracaso. Si quieres aprender, progresar y ser mejor persona, debes fracasar. No fracaso para ser un fracasado, lo hago para ser exitoso. Puedes leer todos los libros del mundo, ir a todas las conferencias, planear tu vida entera, que la puesta en práctica te torcerá tu brazo, pero tú no darás tu brazo a torcer, te esforzaras más, aguantaras el implacable destino y seguirás avanzando, aprenderás, serás un maestro en tu oficio, en el amor, en los negocios. Es mejor amar y fracasar que nunca saber que se hubiera sentido ser amado.

TUS ÉXITOS PASADOS NO DEFINEN TUS ÉXITOS FUTUROS

Si te fue bien antes, no significa que la vida te tiene preparado para el éxito, si no lo afrontas con serenidad, no perdurara mucho tiempo más. Si has tenido diez inversiones exitosas y te estás comiendo al mundo, no bajes la guardia, no significa que tus próximas diez inversiones serán un homerun en tu cancha. He conocido personas tan exitosas que nunca habían tenido que sufrir el fracaso, y era tanto así, que el más pequeño soplido en su baraja de naipes los ha llevado a la depresión, al estancamiento, eras reyes en su tierra y una vez dejaron de serlo, algo, por más pequeño que sea, les salió mal, no lo habían sentido ni estaban preparados para ello, nadie lo está, no fueron capaces de afrontarlo y ahora van en una espiral de caída libre hacia el suelo.

Enfócate en aprender, en entender porque no te salen las cosas como quisieras que fuera. Determina que está mal en tu vida, aléjalo de ti, es tu pareja, es tu pasión por los negocios mal enfocada, estás invirtiendo en un mercado bajista, te estás acompañando de las amistades incorrectas que no te aportan nada positivo, determinación, coraje, valentía, enfoque, disciplina son tus herramientas, son tus armas de defensa, blandea tu espada como lo hacían los gladiadores para resguardar sus vidas, enfrenta tus miedos, prepárate para lo peor, pero no busques que suceda lo peor, no empieces un negocio diciendo:

– y si me va mal ¿Qué voy a hacer? –

No has abierto las puertas, no has concretado tu primera venta y ya estás destinando tu idea al fracaso. El fracaso es un maestro, no un destino, puedes darte el lujo de equivocarte, nadie nació perfecto, pero no puedes darte el lujo de derrotarte, de tirar la toalla, de desperdiciar la enorme ventaja que te da el conocimiento, la experiencia.

Un vendedor de biblias llega a la puerta de una casa, toca suavemente la puerta. Le abre el que parece ser el dueño de la propiedad, hombre alto con hijos hechos a su medida.

– Buenos días señor, me permito presentarme, soy Juan Lafourie y en el día de hoy vengo a… –

Zas, un zarpazo en la puerta. El vendedor pone su mejor cara, organiza su ropa y vuelve a tocar con la misma suavidad que toco la última vez. Una vez más le abren la puerta.

– Disculpe usted mi insistencia, no me dejo terminar, no le he mostrado las nuevas imágenes que acompañan este bello libro de bordes dorados.

– No me interesa – responde aquel hombre ya con la cara algo desajustada y fuera de sí mientras vuelve a azotar la puerta.

Aquel hombre no da paso atrás y se aventura a tocar una tercera vez. No ha terminado de organizarse el peinado y aclarar su garganta cuando es nuevamente atendido, esta vez no por el hombre, sino por su contundente puño que lo arroja a la mitad de la acera, esparce los libros por el suelo, tumba aquel vendedor al suelo mientras su contrincante se aleja y vuelve a cerrar la puerta.

Aquel vendedor se levanta, recoge sus libros, organiza y limpia su traje, se compone la camisa y toca la puerta por cuarta vez.

Vez la metáfora, el concepto, no es el de ser un terco, una carga para tus clientes, de generar una venta forzada, es de coraje, de mantener siempre la frente en alto, no dejarte derrotar por las circunstancias, no dejar de aprender, no dejar de disculparte con aquel cliente que aunque te atacó indiscriminadamente, tu provocaste esa imbatible furia al no percatarte que aquel hombre discutía con su esposa y tú, ni corto ni perezoso, no dejabas de molestar, era la venta equivocada en el momento equivocado, pero aprendiste, sabes lo que es recibir un golpe, y la próxima vez, tal vez, puedas esquivarlo mejor, entender tu error y poder corregir tu estrategia *"no venderles a personas en un estado de ira, de desconsuelo"*.

No por eso renunciaras a tus sueños y abandonaras tu pasión, la reestructuraras y seguirás con la siguiente puerta y la muy posible futura venta y no es hasta que aquel vendedor allá tocado por lo menos cien puertas sin una sola venta que pueda entender que debe mejorar su estrategia y escoger mejor a sus clientes, tal vez asistiendo a grupos de oración en la iglesia, recorriendo salones de alcohólicos anónimos, llevando a sus hijos a estudiar a escuelas católicas, que tenga posibilidad de encontrar un mejor público con la necesidad que pueda ser aliviada con su producto.

Capítulo 26

Prepárate para lo mejor

"Empieza suave, empieza contundente"

Tu serenidad será tu bandera en momentos de gloria. Tu éxito será tu estándar, tus sacrificios y tropiezos serán recompensados y esa recompensa será recibida con la misma madurez con la que has recibido los fracasos del pasado. Celebras, metieron tu gol, festejas con tu equipo, pero no por mucho, debes prepárate para el próximo partido, seguir entrenando, seguir motivado, enfocado, disciplinado. Hay futbolistas y cantantes que una vez disfrutan del éxito, dejan de esforzarse y terminan siendo olvidados.

Debes ver tus recompensas como un profesional, hiciste las cosas bien, eres el mejor y ahora deberás enfrentar tu nuevo reto, a seguir esforzándote, así como antes mirabas en que te habías equivocado para aprender de ello, también debes examinar en que acertaste para reforzar aquello en lo que te va bien. Eso determina tu pasión, aquello que te gusta y en lo que, a diferencia de los demás, eres bueno o buena haciéndolo, se te facilita y puedes sacarle provecho. Todos tenemos ese espíritu, en algún lugar de

149

nosotros, piensa en tus experiencias vividas, descubre quien eres, que te hace reír y llorar, que te da esos sentimientos de ánimo, que o quien te los provoca, a donde quieres llegar, quienes son tus líderes, quien es tu modelo a seguir, en qué lugar de tu vida te gustaría estar en este preciso momento y cuáles son las situaciones y obstáculos en la vida que debes pasar para llegar a ese momento de gloria, de triunfo, de éxito.

Date el privilegio de ser libre, financieramente y personalmente, no te ates a malos recuerdos, a malas situaciones, disfruta cada logro, por más pequeño que sea, desde haber preparado tu mejor café del día hasta ser la exitosa persona de negocios que estás encaminada a ser. Empieza suave, empieza contúndete, pero lo más importante, empieza, no des más tiempo a tus sueños. Si ya tienes el plan, el presupuesto, las ganas, no des un día más, dale rienda suelta a tus locuras, disfruta de la vida, gózate cada momento, cada palabra leída, cada concepto aprendido, disfruta de esos errores que te prometiste no volver a cometer y ya van ocho veces más desde entonces, la práctica hace al maestro, y la vida es la mejor manera de practicar.

En el momento que empieces a gozar de tu trabajo, de tu profesión y de tu vida, en ese momento serás libre de pensamiento y de dinero. Vive tu vida con la satisfacción de dar rienda suelta a tu pasión, donde tu trabajo dejo de ser una carga para ser una aventura emocionante que disfrutas cada día, que te sigue sorprendiendo, que te mantiene enamorada.

Capítulo 27

Cincuenta ideas de negocios rentables

"Todos los negocios son rentables"

Aparte de las estrategias de publicidad, de desarrollo, de baja inversión, de tiempo que requieran las siguientes ideas de negocio, todas pueden aplicables por ti a partir de este momento. Ten en cuenta que todos y cada uno de ellas requieren de toda tu atención, empuje y dedicación. Esta lista podría contener no cincuenta, digamos mejor mil ideas de negocio rentables, pero el libro se extendería demasiado para que cualquiera quisiera leerlo y al fin de cuentas no hay negocio malo, el que realmente es malo por intentar progresar a través de un negocio o alcanzar un sueño haciendo algo que no le apasiona eres tú.

- Crea y vende plantillas de páginas de internet

- Máquinas dispensadoras de bebidas o golosinas en cafeterías y centros comerciales
- Compra una franquicia de bajo costo
- Organizador de eventos matrimoniales con ambientes exóticos
- Arreglos de ropa a domicilio
- Un gimnasio enfocado en la tercera edad
- Una aplicación móvil de servicios personales (constructores, cocineros, niñeras) tipo Uber
- Motivador profesional para estudiantes de último año de secundaria.
- Sé un youtuber que resuelva cuestiones personales y de relación
- Fotografía espacios y paisajes y véndelos por internet.
- Compra y distribuye artículos como electrónicos, de bajo consumo comercial pero que nadie vende en tu localidad, por ejemplo, tarjetas electrónicas de aires acondicionados
- Escribe una pequeña serie cuentos de menos de 30 página cada uno y véndelos por Amazon Kindle
- Haz unboxing por Youtube de cualquier artículo existente.
- Maquillaje a domicilio
- Vende gasolina a domicilio, con toda la reglamentación de ley claro está.
- Ofrece servicios de tramitología
- Arregla software de computador en línea
- Vende comida vegana por medio de una aplicación.
- Compra y vende frutas y verduras frescas en línea en tu ciudad a amas de casa y restaurantes, bajo pedido
- Alquila espacios amplios y vacíos de otras personas tipo Airbn para eventos por horas al aire libre.
- Crea una página de internet para enseñanza de idiomas por horas, personas comunes cobran una tarifa por hora para

hablar en su idioma nativo con quien quiera aprenderlo, estructurado en módulos y clases grupales.

- Asesor de gimnasio por streaming.
- Vende apartamentos y casas por videollamada.
- Compra espacio en línea y alquila fragmentos más pequeños
- Grábate hablando sobre un tema específico que domines muy bien, unos 30 videos de media hora cada uno y véndelo como curso en línea.
- Haz tomas de 360 grados de casas en venta por dentro y de cada una de las habitaciones y cobra por ello entregándolo en formato video.
- Si sabes otro idioma, ofrece traducciones cobrando por ejemplo, 5 dólares por cada 1000 palabras, en línea.
- Si te gusta escribir, conviértete en seo, escribe y vende artículos a blogs, páginas de interés general, páginas de contenido tecnológico.
- Ofrece tus servicios de administrador de redes sociales en línea o a los comerciantes de tu ciudad.
- Si te gusta escribir y eres bueno en ello corrige redacciones en línea.
- Un blog de temas específicos y vende espacios en tu pagina
- Crea una página web especializada en tu pasión, deportes, anime, películas y vende a través de ella camisetas, figuras de acción, entradas a eventos.
- Marketing de afiliados.
- Crea tu cuenta de instagram para venta de postres.
- Masajes a domicilio.
- Ofrece tutorías de matemáticas, inglés, física, biología, o cualquier tema del que tengas dominio.
- Estudia todo lo que más puedas sobre un tema, vuélvete experto en él y ofrece asesorías.

- Un negocio de venta de arroz, cada cliente paga la entrada y come todo el arroz variado que pueda.
- Crea música o efectos musicales, pistas cortas de segundos.
- Organiza eventos empresariales para que pequeños comerciantes ofrezcan sus productos
- Video chat de canales de autoayuda personal o profesional
- Webs de asesoría contable y tributaria.
- Cocina a domicilio y cobra por tu tiempo.
- Un salón de belleza a domicilio, un Uber de la belleza.
- Una fábrica de disfraces para niños con productos reciclados.
- Un bar de comediantes amateurs.
- Una cafetería dentro de una biblioteca.
- Peluquería para perros a domicilio.
- Un hotel para mascotas, los dueños viajan mientras tú cuidas de ellos.
- Si tienes una voz dulce o profunda, cobra por leer y producir audiolibros.

Finalmente

Y al fin de cuentas

"Vive cada día como si fuera el último"

Haz escuchado la expresión "vive cada día como si fuera el último". Por eso he renunciado a tantas oportunidades que me ha brindado la vida, no por pereza o por un extraño sentimiento de debilidad, es por falta de amor hacia casi cualquier cosa que no me apasione. Renuncie a un empleo estable y seguro al poco tiempo de escuchar esa frase por dos motivos, uno, me aterraba la idea de morir por algún incierto en la vida y que mis últimas horas de mi existencia las hubiera tenido que dedicar a una trabajo estresante, rentable económicamente, pero que apagaba mi espíritu, dos, no podía morir, ninguno de esos días trabajando en aquel lugar, no por un temor desconocido a la muerte, esta solo me causa intriga, como será aquel momento, todos, no importa lo que hagamos, tenemos fecha de caducidad, es una realidad que siempre contemplare en mi mente, el hecho que algún día no estaré y lo que hice, hecho quedara.

No, el segundo motivo por el cual no podía morir en aquel trabajo era porque tenía tantas ocupaciones y tareas pendientes cada minuto del día, que si hubiera a fallecido, mi espíritu muy seguramente le hubiera tocado levantarse de la tumba a terminar las tareas que en vida no pude terminar, vagaría aun por la tierra, no habría un "descanse en paz para mí".

Por eso me esforzaba cada día más en aquel trabajo prisionero, porque sabía que entre más me dedicara, más tiempo entregara, más rápido me enfocara en lo que realmente necesitaba para salir de aquel lugar, cada día que pasara era un día menos aplazando mi felicidad. Ya, hoy día, puedo dar rienda suelta a mis deseos de pasión desenfrenada por cuanta idea loca he desarrollado en mi mente, casi desde que soy consciente de que existe un mundo, para generar riqueza, para generar felicidad.

Cada vez que puedo, cada vez que alguien me da la oportunidad, intento compartir lo mucho o poco que he aprendido de negocios en la vida, estos nos rodearan eternamente y serán parte de nosotros mientras tengamos una vida, a menos que te decidas finalmente a ser un monje o un ermitaño, como precisamente sucedió con un ex presidente de McDonald's, que en algún momento de su vida vio como se le terminaba el tiempo en esta tierra haciendo algo que no lo apasionaba, que lo aprisionaba, que no le traía felicidad, un oficio en el que era muy eficiente y a la vez muy infeliz. Ahora es un ermitaño que vive en una pequeña casa en el bosque, feliz, compartiendo todos sus conocimientos a quien planee visitarlo algún día, ofreciendo su ayuda desinteresada, no en los negocios, ni en las inversiones, más bien en la enseñanza de la paz interior, de la plenitud mental, del deseo y la forma en la que podemos ser felices haciendo lo que hacemos, no, haciendo dinero.

Solo recuerda, el dinero que acumules en la vida, solo será la consecuencia de hacer cada día lo que haces con dedicación, si acumulas grandes riquezas, es porque tu amor por tu negocio, propio o ajeno, era genuino, de lo contrario, gastaras una vida entera persiguiendo lo imposible, ser feliz haciendo aquello que te hace infeliz.

www.ingramcontent.com/pod-product-compliance
Lightning Source LLC
Chambersburg PA
CBHW021414210526
45463CB00001B/363